LES FILLES PUBLIQUES

de Paris.

LES
FILLES PUBLIQUES

DE PARIS,

ET LA POLICE QUI LES RÉGIT,

PAR

F.-F.-A. BÉRAUD,

EX-COMMISSAIRE DE POLICE DE PARIS, CHARGÉ SPÉCIALEMENT DU SERVICE ACTIF
DE L'ATTRIBUTION DES MOEURS;

PRÉCÉDÉES D'UNE

NOTICE HISTORIQUE SUR LA PROSTITUTION

CHEZ LES DIVERS PEUPLES DE LA TERRE,

PAR M. A. M.,
membre de plusieurs sociétés savantes.

II

Paris et Leipzig,

CHEZ DESFORGES ET Cie, ÉDITEURS.

—

1839

I.

Naissance du dispensaire. — Utilité et progrès de cet établissement. — Service médical, service actif et bureau administratif. — Brigade sanitaire. — Une comtesse maîtresse d'une maison de prostitution. — Mystère. — Opérations de la brigade sanitaire.

S'il entrait dans mon plan de faire de l'érudition, j'aurais ici un beau champ à parcourir. Je pourrais remonter au principe de la prostitution, développer pour la vingtième fois, le tableau sinistre de ses épouvantables conséquences, faire ressortir les préjugés et l'ignorance de nos pères sur ce chapitre des faiblesses humaines, lever un coin du voile qui nous cache les tâtonnemens des magistrats et des docteurs, cherchant en vain à paralyser les ravages de ce fléau d'autant plus terrible qu'il a son germe dans la nature même. Mais j'en serais réduit à répéter ce que d'autres ont dit et écrit avant moi; c'est au moins inutile. J'ai déjà assez d'écueils à éviter, sans être assuré d'avance de m'en garantir, pour ne pas me tenir aussi loin que je le pourrai du cercle de la banalité.

J'aurais aussi à déverser le blâme sur la mémoire de ces médecins qui, constitués par l'autorité supérieure, gardiens de la santé des concitoyens, en donnant leurs soins scrupuleux aux prostituées, ont fait, d'un mandat honorable, une spéculation scandaleuse. Loin de moi une telle digression! je voudrais effacer cette page de honte de notre histoire, et, abandonnant ces mandataires infidèles aux reproches de leur conscience, je me hâte d'arriver à leurs successeurs pour dire le bien qu'ils ont fait, et proclamer des noms d'hommes d'honneur, de mérite et de probité.

Reconnaissance éternelle aux magistrats qui, pour venir en aide à la société contre un cancer qui la ronge, n'ont pas craint de remuer le cloaque de la prostitution!

Gloire à jamais aux Lenoir, aux Dubois, aux Pasquier, aux Anglès, aux Debelleyme, aux Mangin!...

Lenoir et Dubois ont, les premiers, tracé un sentier sur ce sol d'impureté.

M. Pasquier, homme vraiment supérieur, l'a sillonné en tous sens; il a franchi les obstacles en les combattant avec la persévérance, l'ardeur et l'audace du génie. Il a détruit des abus infâmes; il a pour ainsi dire, créé le projet important, quant à ses heureuses conséquences, d'un dispensaire de salubrité, à peine signalé par son prédécesseur.

Cette pensée toute d'humanité et de charité, a été suivie, et elle a progressé sous messieurs Debelleyme et Mangin. Depuis, elle est restée stationnaire *si elle n'a pas rétrogradé*. J'attribue la cause de cette inertie, ou de ce mouvement rétrograde, aux événémens qui ont suivi ceux de 1830.

Les Préfets de police qui se sont succédés, à cette époque, avec une rapidité inouie, étant plutôt des hommes politiques, que de véritables administrateurs, M. Vivien excepté, qui aurait pu le devenir, ils ont dirigé constamment leurs efforts contre l'émeute des rues ; ils ont donné tous leurs soins à déjouer les conspirations, et ils ont laissé le char de la prostitution rouler à volonté, se bornant à défendre qu'il sortît des anciennes ornières.

Le dispensaire établi à la préfecture de police, est un lieu destiné à recevoir, pour y être visitées tous les jours, les dimanches et fêtes exceptés, de 9 à 10 heures du matin jusqu'à 4 heures de relevée, les prostituées inscrites à la police, *bureau des mœurs*, qui sont obligées de s'y présenter régulièrement, deux fois par mois, aux médecins choisis et nommés par le Préfet de police.

Le but des visites, est de s'assurer si les filles

publiques sont saines. J'ai dit que les filles malades étaient retenues, et dirigées sur des établissemens ouverts à ces malheureuses, pour y être soignées, guéries, et empêcher, par cette sage mesure, la propagation de la syphilis.

Le dispensaire est encore organisé pour y visiter les jeunes filles qui, surprises en flagrant délit de prostitution clandestine dans des lieux de débauche, sont amenées à la préfecture de police pour leur inscription comme prostituées. Ensuite elles sont rendues à leurs parens ou à toute autre personne habile à les réclamer aux conditions exigées par les réglemens. On s'assure de leur état sanitaire avant que de les relancer dans le monde ; car si elles étaient malades, elles seraient, comme les autres prostituées, dans le même cas, envoyées dans un hospice d'où elles ne sortiraient libres qu'après leur parfaite guérison.

Le service médical du dispensaire a été mis en activité, comme je l'ai expliqué plus haut, conformément à l'arrêté du Préfet de police, du 22 décembre 1828.

Indépendamment de ce service, il y a encore,

dans la division de l'attribution des mœurs, le bureau administratif et le service actif.

Le bureau administratif se compose aujourd'hui d'un sous-chef, commissaire de police, d'un rédacteur, d'un commis d'ordre, d'un premier commis, d'un second commis, d'un premier expéditionnaire, d'un second *idem*, et d'un garçon de bureau.

Le service actif se compose actuellement d'une brigade sanitaire, dans laquelle on compte un officier de paix, un brigadier inspecteur et neuf inspecteurs.

Sous M. Mangin, et jusqu'à la fin de février 1831, époque où j'ai quitté cette attribution pour m'occuper exclusivement des délégations judiciaires, le service actif avait, en outre, une brigade d'ordre pour la repression de la provocation à la débauche sur la voie publique, cette brigade a été supprimée et s'est fondue dans les autres brigades de la police municipale. Elle était composée d'un officier de paix, et d'abord, de douze, ensuite de dix-huit inspecteurs.

Tout le service actif, c'est-à-dire la direction des deux brigades était confiée à un commissaire de police : c'était moi.

Les attributions du bureau administratif consistent à inscrire, avec la plus exacte régularité :

1° Les filles publiques qui se soumettent volontairement aux réglemens de police concernant la prostitution.

2° Celles qui arrêtées, provoquant à la débauche sur la voie publique, ou se livrant à la prostitution dans les maisons de tolérance ou autres, avant leur inscription, doivent être inscrites d'office après un certain nombre d'arrestations de la même nature ;

3° Et les mineures qui se livrent clandestinement à la débauche, et qui ont été arrêtées, en flagrant délit, dans des maisons de prostitution.

C'est le bureau administratif qui correspond avec les maires pour réclamer les extraits de naissance des filles publiques sans papiers. Cette mesure exigée rigoureusement aujourd'hui, a pour but d'éviter les inconvéniens incalculables de la pseudonymie, dont le moindre était autrefois de ne pouvoir retrouver une prostituée disparue, ou retardataire.

C'est encore ce bureau qui entretient une correspondance avec les autorités locales des provinces, comme avec celles des douze arrondissemens de Paris, avec l'intention de faire rentrer, dans le sein de leur famille, ces imprudentes mineures que la séduction a précipitées dans les désordres du libertinage. C'est à cette bienveillante sollicitude que plus d'une mère doit le bonheur de pardonner à un être faible, mais non entièrement perverti. Cette circonstance est rare ; mais loin que ce soit la faute de l'administration, elle prend tous les moyens qui sont en son pouvoir pour obtenir plus fréquemment de pareils résultats.

Le bureau administratif est aussi chargé de la rédaction de tous les réglemens relatifs à sa spécialité ; il reçoit les rapports des médecins du dispensaire, ceux des inspecteurs de la brigade sanitaire, il en adresse une analyse succinte au préfet de police par l'intermédiaire du chef de division, dans les attributions duquel se trouve le dispensaire. C'est lui qui propose les peines à infliger administrativement par le préfet. C'est lui qui radie les prostituées. C'est lui qui donne les livres de tolérance aux maîtresses de maisons. C'est lui qui propose leur nomination et leur admission, et qui la leur retire suspensivement ou difinitivement selon la gravité des fautes dont elles sont convaincues.

Enfin, ce bureau est chargé de tout ce qui a rapport à la direction administrative, ainsi qu'aux écritures du dispensaire de salubrité.

La brigade sanitaire a, dans ses attributions spéciales, indépendamment de la recherche des retardataires, de la contrainte à la visite exercée contre les disparues, les insoumises et les malades signalées, la surveillance des maisons de tolérance, et toutes les informations qui peuvent être demandées par le bureau administratif.

La recherche des retardataires, des insoumises, des disparues et des malades signalées ne se borne pas au domicile personnel de ces filles et aux maisons de tolérance ; elle doit s'étendre aux maisons garnies où se cachent les prostituées, et dans lesquelles les agens ont le droit de s'introduire, non pour procéder contre les logeurs, mais pour s'y emparer des filles en contravention. C'est surtout à la découverte des maisons clandestines que les inspecteurs attachés à cette brigade, doivent apporter tous leurs soins. C'est là, aussi, leur tâche difficile.

Le mystère dont s'entourent les maîtresses de maisons clandestines, leurs manœuvres, leurs sacrifices pour échapper à toutes les investigations de la police, sont autant d'obstacles, malheureusement, pour la plupart au-dessus de la puissance humaine.

J'ai dit qu'au nombre de ces maîtresses de maisons, il s'en trouvait de bien nées, qui, après l'oubli de toute pudeur, se livraient à la prostitution spéculative, dans le seul but de satisfaire un sordide intérêt.

J'ai connu une de ces femmes dont je veux signaler la carrière de débauche sans la nommer. Puisse la publicité de mon récit avoir une salutaire influence sur celle qui en est l'objet, et lui suggérer la pensée d'abandonner son trafic, qui, pour être clandestin, et exercé sous un nom supposé, n'en est pas moins ignoble! Mais si cette misérable est inaccessible à tout retour sur elle-même, si elle reste indifférente au souvenir d'une famille respectable dont elle est indigne , il est à désirer que les investigations de la police soient si active· ment dirigées contre elle , que , surprise enfin en flagrant délit d'excitation à la débauche , et à la prostitution clandestine , elle soit punie selon toute la rigueur des lois.

Voici ce que j'ai appris sur son compte; je le publie avec conviction.

De retour d'émigration , le comte *** se retira dans la ville de.... où , déjà avancé en âge , il épousa une trop jeune et trop belle personne , issue d'une famille des plus recommandables de la province. Peu après cette union , il voulut se fixer à Paris.

Le comte voyait la haute société de la capitale ; sa femme l'y accompagnait , et elle en faisait les délices par une sémillante vivacité autant que par l'éclat de ses charmes. Les courtisans ne lui manquaient pas ; elle s'applaudissait de ses conquêtes ; elle en tirait vanité, et ne dissimulait pas ses émotions , parce que ses fautes n'étaient encore que des inconséquences. Mais l'intérieur du ménage souffrait des triomphes du dehors.

L'antipathie, dont le principe était déjà dans la différence des âges entre les deux époux, s'accrut des remontrances que le comte crut devoir adresser à la coquetterie de sa femme. D'abord, elles furent reçues avec dépit, ensuite avec colère; mais, par un raffinement d'adresse familier à un sexe qui supplée à la force par la ruse, la comtesse parut bientôt se rendre à la raison, et se soumettre aux conseils que lui donnait son mari. Aussi fut-elle perdue du moment où sa résistance eut recours aux menées sourdes en les couvrant d'un vernis de condescendance. Elle avait médité et elle tarda peu à consommer la rupture d'un lien sacré : le déshonneur de la comtesse ne fut plus douteux, et le comte, devenu le point de mire des épigrammes *de ses amis,* descendit bientôt dans la tombe, succombant à ses chagrins plus qu'aux infirmités de la vieillesse.

Le comte mourut sans laisser de fortune à sa veuve, et la comtesse, qui avait brillé dans le monde de tout l'éclat du luxe, qui en avait savouré tous les plaisirs, voulut continuer un genre de vie qui lui était fort agréable. Elle se lia avec

quelques femmes intrigantes, elle accueillit favorablement les amans *utiles*, et, afin de sauver les
apparences, elle loua une petite maison pour ses
orgies secrètes, dans un quartier éloigné de son
hôtel qu'elle eut l'orgueil de conserver, ainsi que
son nombreux domestique.

Le temps, en exerçant sur elle ses ravages, n'a
apporté que fort peu de modifications dans son
train de vie. Les hommages des soupirans ne lui
sont plus adressés; mais, après avoir reçu deux ou
trois femmes mariées qui voulaient cacher leurs
intrigues, elle a permis que sa petite maison fut
définitivement organisée en rendez-vous mystérieux
des amours libertins et adultères; enfin, ne mettant plus de bornes à ses impudiques spéculations,
elle a commandé le recrutement, et elle a recruté
elle-même pour son sérail. Par ses fascinations,
de faibles épouses ont été détournées de leurs devoirs, et des jeunes filles enlevées à la tutelle maternelle pour assouvir les passions de quelques
heureux du siècle. Je ne crains pas d'ajouter qu'il
s'est trouvé parmi eux de hauts personnages,
en position de sévir contre une créature aussi

dangereuse, et qu'ils ferment les yeux sur ses débordemens, tandis qu'ils poursuivraient avec la plus grande rigueur toute autre matrone, peut-être moins criminelle et moins méprisable qu'elle.

Cependant cette femme voit le monde, fréquente les meilleures sociétés, et, sauf les initiés dans ses secrets, personne n'a le soupçon de son commerce. Il faut lui rendre justice : son adresse est extraordinaire et son aplomb surnaturel.

Ce n'est pas elle qui tient sa petite maison, mais une femme, en quelque sorte, à gages, qui est surveillée de près, et plus qu'elle ne le pense. La matoise comtesse arrive à l'improviste dans ce repaire, à toute heure du jour et de la nuit, elle observe tout, elle se fait rendre compte de tout, elle entre dans les moindres détails, et il serait fort difficile à son intendante de se réserver quelques bénéfices occultes.

Voici une esquisse de sa vie de tous les jours. J'ai eu occasion de l'observer souvent et long-temps, et je n'ai jamais vu de changemens notables dans ses habitudes : elles *sont encore aujourd'hui les mêmes.*

La comtesse, affecte dans son hôtel , la plus grande réserve et une rigidité de principes qui n'admet aucune transaction. Elle y reçoit la bonne compagnie, bien entendu que les femmes et, à peu d'exceptions près, les hommes qui la composent, n'ont jamais rien sû de ses antécédens et ignorent son infâme négoce. Lorsqu'elle sort en voiture, c'est toujours avec fracas, avec ostentation et grand appareil, pour se montrer brillante dans les Champs-Élysées et au bois de Boulogne. Elle fait ses courses de ville, à pied ou en voiture de place ; alors aucun de ses domestiques ne l'accompagne. C'est ainsi qu'elle multiplie ses apparitions subites dans sa maison de débauche, et qu'elle active sans cesse une surveillance d'autant plus importante, qu'elle tire de là de quoi soutenir un train de maison assez dispendieux.

Voilà quelle est cette femme !...... Je crois qu'on ne peut la rencontrer qu'à Paris, et je me plais à douter qu'on puisse y trouver sa seconde.

Je reviens à la brigade sanitaire, et je ne la quitterai pas sans adresser quelques mots de remerciement à son chef, M. Delacour, pour sa franche coopération avec moi dans le but d'arriver à l'heureux résultat que nous avions obtenu relativement aux améliorations sanitaires de l'intérieur des maisons de débauche. J'ignore ce qu'il est devenu; mais si ces lignes vont jusqu'à lui, il y verra l'expression de ma sincère reconnaissance.

J'avais également distingué quelques inspecteurs d'un zèle soutenu, d'une rare intelligence, et je n'ai pas manqué de les signaler à l'administration pour attirer sur eux sa bienveillance. Je n'ai aucun reproche à me faire s'ils n'ont pas été récompensés. Depuis près de six ans que je les ai perdus de vue, je ne saurais trop me rappeler leurs noms, cependant je me souviens parfaitement de leurs personnes au moment où je trace ces lignes; il me semble être encore au milieu d'eux, et j'en éprouve un plaisir intime. La brigade sanitaire était généralement bien composée, à très-peu d'exception près.

Par la même raison qui m'a fait un devoir du silence sur les opérations de la police dans les maisons de tolérance, je ne parlerai pas de la manière avec laquelle procèdent les inspecteurs de la brigade sanitaire. C'est encore un de ces rouages qui doivent être cachés aux yeux du public. S'il en était autrement, le bien immense, où tendent les efforts de cette brigade, ne s'effectuerait pas, et le but de l'administration serait manqué. D'ailleurs j'affirme, avec le seul désir de rendre hommage à la vérité, qu'il est recommandé sévèrement aux inspecteurs, d'user de tous les ménagemens voulus par la prudence et l'humanité, dans l'arrestation d'une fille insoumise, disparue ou retardataire. En conséquence, point de scandale public, tout se passe, pour ainsi dire, inaperçu. Les recommandations sont scrupuleusement observées : il ne m'a jamais été adressé aucune plainte de violence ou d'abus de pouvoir contre un seul des inspecteurs de la brigade sanitaire.

Je n'ai plus à m'occuper de la brigade d'ordre, dont le mandat était d'arrêter toutes les prostituées provoquant à la débauche sur la voie publique, ou dans les endroits prohibés, puisque cette brigade a été fondue *après ma demaande expresse,* dans celles de la police municipale.

II.

II.

Punitions infligées autrefois aux filles publiques. — Dépôt de
la Préfecture de Police. — Maison de Saint-Lazare. — Nécessité de punir les prostituées administrativement et non
judiciairement.

Le système penitentiaire, concernant les prostituées, a subi de notables améliorations depuis en-
viron dix ans. Ces améliorations étaient d'autant
plus urgentes que l'humanité, disons mieux, la

justice, les commandait en faveur de filles malheureuses presque toujours condamnées à des peines
en dehors de la loi commune.

Si , comme je le prouverai ci-après, l'arbitraire
est indispensable ; s'il est même de toute nécessité contre des êtres dans un état d'abjection, pour
ainsi dire incurable , il est juste aussi que les magistrats , chargés de faire respecter la morale
publique et de veiller à la sûreté des citoyens, prennent tous les moyens possibles pour que les punitions, infligées arbitrairement, tout en obtenant
les résultats désirés dans l'intérêt général, profi-
tent encore , si c'est possible , à l'avenir de celles
qui en sont frappées. C'est là précisément le but
que se propose l'administration de la police. Mais
que d'entraves ne rencontre-t-elle pas dans sa
marche progressive ! que d'obstacles , d'autant
plus difficiles à surmonter , qu'ils sont suscités
par celles-là mêmes qui devraient les aplanir, puisque tout le bien qui peut s'en suivre n'est que pour
elles , pour elles seules.

Je ne remonterai pas à cette époque où , par
un système inoui de cruauté, ces malheureuses

étaient fouettées, frappées, rasées, stigmatisées, et renfermées ensuite dans des cloaques infects, que l'on désignait pompeusement sous les noms de dépôts, de maisons de corrections, de petite Force, de Salle Saint-Martin, de Salpêtrière, etc., dans lesquels, pêle-mêle, avec des femmes incarcérées pour d'autres délits, les filles publiques restaient étendues sur la paille, ne mangeant qu'un morceau de pain noir, très-rarement de la soupe, encore ne la devaient-elles qu'à la charité du dehors.

Actuellement le dépôt de la Préfecture de police est établi de façon que les filles publiques occupent une pièce particulière ; ainsi les femmes arrêtées pour des causes étrangères à la prostitution, ne communiquent plus avec elles.

Chaque fille a son lit à part. Sa nourriture est saine et abondante.

On sait, et d'ailleurs son nom l'indique suffisamment, que le dépôt de la Préfecture n'est qu'une prison provisoire, et qu'on n'y est enfermé qu'en passant, jusqu'après l'interrogatoire, pour être mis en liberté, s'il n'y a pas lieu à poursuivre, ou pour être dirigé sur une autre prison, d'après l'ordre de l'autorité compétente.

Quant aux prostituées, attendu qu'elles sont punies administrativement, lorsqu'il s'agit de contravention aux règles sanitaires, c'est le commissaire de police de l'attribution des mœurs qui les interroge, et fait son rapport au Préfet de police, lequel applique la peine et en fixe la durée.

Alors la fille publique condamnée passe à la visite des médecins du dispensaire, si elle est trouvée malade, elle est dirigée sur l'hospice, et si elle est saine, sur la maison de Saint-Lazare. Les prostituées punies étaient conduites, il y a quelques années, aux Madelonnettes ; maintenant cette prison sert de maison de refuge pour les jeunes détenus.

La maison de St-Lazare, située vers la partie élevée du faubourg St-Denis, près de la barrière, est dans une position extrêmement favorable à sa destination. Le quartier est salubre et des mieux aérés. La maison est spacieuse et coupée par de longs et vastes corridors, donnant chacun sur une cour où les détenues peuvent se promener deux ou trois fois par jour.

Les chambres, les lits, le linge et généralement tout ce qui constitue le mobilier, y est d'une propreté remarquable.

Dans une partie de ce vaste bâtiment, se trouvent réunis un grand nombre de métiers différens, pour occuper les recluses selon leur goût, leurs habitudes, et leur dégré d'intelligence ou d'adresse.

La vie animale y est non-seulement abondante, mais encore parfaitement saine. La nourriture consiste en un potage journalier, gras ou maigre, en un plat de viande ou de légumes, et du pain dit de prison, d'une excellente qualité.

Cette nourriture, toute satisfaisante qu'elle soit, se trouve souvent augmentée par des *extrà* que se procurent les détenues à la *cantine,* avec l'argent que leur font parvenir leurs amans, leurs souteneurs ou leurs maîtresses.

En bonne justice cette dérogation à la vie commune ne devrait pas être tolérée.

Je ne demande pas que l'on empêche une recluse

de recevoir de l'argent du dehors ; mais il faudrait à mon sens, que cet argent fut remis au directeur de la maison, qui le garderait en dépôt, et ne le rendrait à la propriétaire qu'à sa sortie de la maison.

La recluse trouverait de grands avantages dans cette sage précaution.

1° Elle aurait une petite somme à sa disposition lorsqu'elle rentrerait dans le monde ;

2° Elle ne se livrerait pas à la passion ruineuse du jeu que possèdent généralement les prostituées, et qui trouve un aliment de plus dans la vie des prisons ;

3° Elle ne se laisserait pas aller à la gourmandise et à des dépenses folles ;

4° Enfin, elle n'inspirerait pas de jalousie à celles qui ne reçoivent de secours de personne. La jalousie, entre les détenues, n'a souvent pas d'autre origine, et elle occasione de graves désordres, même des collisions dans lesquelles il n'est pas rare de voir le sang couler.

Ce sont les recluses de St-Lazarre qui confectionnent tous ces jolis ouvrages de femme que le commerce de la capitale et de la province vend à si bon compte. Beaucoup de confections de couture et de broderies sortent également des ateliers de cette maison.

Hé bien! je désirerais qu'on ne distribuât aux détenues qu'une partie du salaire dû à leur travail, et que l'autre fut encaissée, pour ne la leur remettre qu'à l'expiration de leur peine, à leur sortie de St-Lazare, et cela, pour les motifs allégués ci-dessus.

Ce ne devrait être là, que le seul argent dont pût jouir et disposer toute recluse pendant le temps de sa détention.

Il devrait nécessairement en résulter une émulation utile qui paralyserait ce penchant à la paresse à laquelle sont inclines généralement les prostituées.

Je voudrais encore que l'heure du repas fut la même pour toutes les recluses, et que l'on suivît dans leur maison, le même ordre que dans les pensionnats. La nourriture étant égale pour toutes les commensales, aucune n'aurait à se plaindre, ni à élever la moindre réclamation; et l'on préviendrait, par là, ces désordres honteux, suite de l'intimité entre deux femmes qui se rapprochent, sous le prétexte de manger ensemble.

Il faudrait aussi que toutes les détenues fussent soumises à une occupation quelconque appropriée à leurs facultés, à leurs antécédens dans le monde, et surtout à leur complexion plus ou moins robuste ou plus ou moins délicate ; mais l'oisiveté devrait leur être absolument défendue, hors les cas de maladies. Toute détenue, qui se refuserait au travail, devrait être punie, soit en la tenant enfermée dans un lieu isolé, soit en retranchant, de son ordinaire, tantôt la viande, tantôt la soupe, soit enfin en réduisant les plus paresseuses au pain sec et à l'eau. Jamais de coups ni de propos outrageans. On doit se respecter jusque dans les actes de l'autorité qu'on exerce sur ces viles créatures, dont quelques-unes sont dignes de pitié. Je blâmerais toute peine tendant à aggraver inutilement leur position, et mes vœux les repoussent loin d'elles, avec d'autant plus de force que certaines punitions ultra-sévères peuvent leur être infligées, sans avoir été réfléchies, et par suite de caprice, de préoccupation, de colère et d'antipathie.

Je partage surtout l'opinion de M. Barbé-Marbois contre l'usage de la machine à marcher nommée *Tread-mill*. C'est un supplice; il lui faudrait un caractère légal pour être introduit en France, et je doute qu'on puisse maintenant demander l'application de cette peine aux prostituées ; elle me semblerait toujours hors de proportion avec les délits les plus graves qu'elles commettent dans le cercle des désordres inhérens à leur débauche. M. Parent-Duchâtelet, dans nos nombreux entretiens, m'a témoigné plusieurs fois son désir de l'introduction du Tread-mill dans les prisons des prostituées. J'ai toujours été en opposition ouverte avec lui à cet égard.

La maison de St-Lazare ferait bien d'adopter un uniforme pour ses recluses ; on en bannirait tout ce qui touche à la coquetterie; on n'y souffrirait aucune addition de bijoux ; ce serait encore un moyen d'amortir la jalousie entre elles et d'en prévenir, par conséquent, les effets désordonnés.

Toutes les lettres, soit à l'entrée, soit à la sortie de la maison, devraient être lues par le directeur qui ne laisserait sortir ou passer dans les mains des détenues, que celles qui seraient pour elles d'un intérêt positif et convenable. Le directeur en déciderait d'après les conseils de sa prudence, sauf à prendre les ordres du préfet de police, par l'intermédiaire du chef de la division des mœurs, en cas de circonstances extraordinaires.

Les heures des récréations, comme celles des repas et du travail, devraient être réglées.

Je désirerais encore qu'il y eut une heure le matin et une heure le soir destinées à l'enseignement mutuel; il me semble que cette innovation amènerait d'heureux résultats.

Il conviendrait surtout qu'une instruction morale eût lieu à St-Lazare, deux fois par semaine, le jeudi et le dimanche. Ce serait une espèce de conférence qui pourrait, avec le temps, devenir favorable aux détenues.

Je sais bien que l'expérience de tous les jours, peut seule faire adopter ou supprimer tel règlement, modifier tout ou partie de tel autre, je n'ignore pas que rien n'est plus difficile, que de ramener au bien des femmes démoralisées, sans instruction, sans principes, sans pudeur, et presque toutes capables de tous les excès. Cependant, il s'en trouve encore quelques-unes qui ne sont point inaccessibles au sentiment du repentir. Loin de les repousser, rendez-leur le courage de retourner en arrière. Faites leur entrevoir dans l'avenir l'oubli de leur vie passée. Ramenez-les par la douceur dans le cercle de leurs devoirs. Réconciliez-les avec elles-mêmes, et faites passer dans leur âme la persuasion que, pour être égarées, elles ne font pas moins partie de la grande famille qui s'empressera de les recevoir dans son sein, dès qu'elles auront effacé leurs égaremens, par une conduite irréprochable.

Je crois qu'en suivant cette marche on en convertirait quelques-unes, et on le devrait à l'instruction morale, aux conférences simples, claires, sans fiel, sans menaces, enfin toute évangélique. On arrivera à cette amélioration surtout si les paroles de paix et de consolation sont prononcées par une personne de leur sexe, mariée ou veuve, et non par une religieuse ou toute autre personne dont le caractère ne lui permet ni de tout entendre, ni de tout dire.

Loin de moi le dessein de censurer le système pénitentiaire actuellement en vigueur, tant pour que contre les prostituées ! Je sais qu'il est arrivé à un point tel qu'il serait difficile d'y introduire désormais de grandes améliorations. Si mes réflexions à ce sujet sont hasardées, l'administration me fera grâce en faveur du but que je me propose.

Ici je vais toucher une corde délicate; sa vibration va soulever contre moi ces hommes indépendans dont l'âme se révolte à l'idée de la moindre atteinte à la liberté individuelle, à l'égalité de tous devant la loi ; car mon devoir est de préconiser le système des punitions exceptionnelles, c'est-à-dire des punitions administratives à l'égard des prostituées.

Il est démontré que la fille publique est un être à part dans la société ; elle a rompu volontairement avec elle, en foulant aux pieds tous les principes conservateurs, et toutes les convenances honorables, pour vivre dans une atmosphère corrompue, d'où s'échappent des miasmes mortels pour la généralité de la population.

Or, s'il est constant que les mœurs des prostituées ne sont pas nos mœurs, s'il est acquis à notre conviction que leurs goûts désordonnés se ressentent de leur vie, si enfin ces créatures dégradées ne peuvent, sans scandale, prendre rang au milieu des autres femmes, quelle que soit la position sociale du plus grand nombre de ces dernières, on conviendra que les prostituées doivent être traitées, je ne dirai jamais en *ilotes*, mais comme des êtres hors de la société.

S'il en était autrement, on jetterait la perturbation dans un nombre infini de familles honnêtes ; on proclamerait leur honte, sans qu'il en pût advenir le moindre avantage pour la société qui serait, au contraire, indignée du cynisme surgissant des débats publics, lorsqu'on amènerait, devant les juges, des prostituées prévenues de contravention aux réglemens sanitaires.

Voudrait-on obliger les tribunaux ordinaires à sévir, pour de simples contraventions à des ré-

glemens de police contre des milliers de filles publiques? mais les jours et les nuits ne suffiraient
pas à ces tribunaux en permanence, et d'ailleurs
comment concilier la légèreté des peines résultant
d'une législation régulière avec les conséquences
terribles, *contre la santé publique*, que peuvent
avoir ces mêmes contraventions ?

Le silence du législateur , sur cette partie de la
criminalité, prouve assez que, dans tous les temps,
il n'a pas cru mieux faire que de s'en rapporter à
la prudence, tranchons le mot, à l'arbitraire de
l'administration municipale, et la société s'en est
bien trouvée.

On a vu les améliorations qui ont été introduites
dans le système pénitentiaire. Ce bien , on ne le
doit qu'à l'expérience de plusieurs siècles. S'il
laisse encore à désirer, c'est que les véritables progrès sont lents, parce que, je le répète, les êtres
objets des améliorations, sont des êtres à part,
d'une organisation fausse ou incomplète, et semblables, sous quelques rapports, aux enfans dont il
faut corriger les habitudes et diriger les penchans

par des moyens en dehors du code qui régit les hommes.

Pour rendre mon opinion plus claire, mettons sous les yeux des lecteurs quelques exemples de contraventions, de simples délits, et plaçons la punition infligée par l'administration en regard de la peine qui aurait été appliquée par les tribunaux ordinaires, d'après le droit commun. Ensuite, je laisserai les partisans de la liberté individuelle *quand même*, maîtres de décider, dans toute la sincérité de leur conscience, si les prostituées, dans l'intérêt général, doivent jouir de tous les avantages et de toute la protection des lois, lorsqu'il s'agira de débauche et de prostitution. Je suis certain que ces hommes, dont je partage d'ailleurs les sentimens, et qui me verraient un des premiers sur la brèche s'il fallait y soutenir le faible contre le fort; je suis certain, dis-je, qu'ils rendront justice à l'administration, et qu'ils m'accorderont leur estime pour avoir osé, dans ma sphère modeste, relever le gant et me faire le champion des lois exceptionnelles. Je les prie seulement de ne pas perdre de vue que ces exceptions ne sont applicables qu'aux prostituées, pour faits de prostitution, et que les conséquences de ces exceptions tiennent essentiellement au bien de la société, c'est-à-dire de la grande famille dont les prostituées se sont volontairement bannies.

Supposons qu'une prostituée soit arrêtée en flagrant délit de provocation à la débauche sur la voie publique, par les agens de la police, et que cette fille se soit révoltée contre les inspecteurs en les accablant d'injures.

L'administration, sur le rapport des agens, auxquels elle doit toute confiance, et qui la méritent généralement, punit la délinquante, suivant la gravité des insultes, l'heure de l'arrestation et le scandale occasioné par la rébellion, d'une détention de trois à quatre mois, surtout si cette fille a déjà été arrêtée plusieurs fois pour les mêmes faits.

Voilà pour l'administration.

Arrivons au cours de la justice régulière, et restons sur le terrain des suppositions.

Il n'est pas sûr qu'un tribunal ordinaire vou-

lût connaître de ce délit, parce qu'il n'est pas caractérisé, et que l'article 330 du Code pénal ne peut
lui être appliqué, attendu que, dans l'espèce il n'y
a pas matériellement outrage public à la pudeur,
puisque la provocation à la débauche n'est pas la
prostitution immédiate. D'ailleurs la fille publique ne s'est adressée qu'à un seul individu à la
fois, isolément, et non à la masse des hommes; sa provocation a été faite à demi-voix et
non à haute voix; ainsi, en aucune manière,
il n'y a outrage public à la pudeur dans l'acception de la loi.

Enfin le ministère public ne verrait et ne pourrait voir, dans la cause, qu'une lutte d'individu à
individu, d'un être faible se débattant entre les
mains d'un ou de plusieurs hommes, et le tribunal pourrait considérer la prostituée en état de
légitime défense contre une agression d'hommes
non revêtus d'un caractère officiel; car les inspecteurs, qui arrêtent les filles publiques, sont presque toujours en habit bourgeois et rarement en
uniforme.

Mais admettons que le tribunal voulût en connaî-

tre ; quel scandale dans son sanctuaire! Des avo-
cats ne craindraient pas de prêter leur ministère
à de telles clientes ; des témoins seraient entendus
à la décharge des prostituées, et quels témoins!
Des souteneurs, des marlous!... Un conflit déplorable viendrait s'établir entre les rapports des agens
et les dépositions des témoins ; la calomnie
serait déversée à profusion contre les inspecteurs ;
on les abreuverait d'humiliation et trop souvent
cette femme qui pouvait compromettre la santé
de l'homme qu'elle avait provoqué, échapperait à
l'action de la justice ; elle braverait à l'avenir avec
impudence, les agens de l'administration et l'impunité laisserait désormais sans frein l'audace et
les désordres des prostituées.

Ce premier exemple prouve donc qu'une prostituée arrêtée sur la voie publique, provoquant
ostensiblement à la débauche, ne peut-être atteinte
par l'article 330 du code pénal, en ce sens que la
provocation n'est pas assimilée à l'outrage public
à la pudeur. Toutefois, il y a scandale; la société
en réclame la punition et la répression ; dès-lors la

coupable reste sous l'empire de l'ordonnance de police du 6 novembre 1778.

Mais cette ordonnance est elle-même de l'arbitraire, car une ordonnance de préfet de police n'est pas une loi, et l'on pourrait la contester dans le sens absolu de la liberté individuelle.

Je me demande quel serait le tribunal, dans le monde civilisé, qui infirmerait les dispositions contenues dans cette ordonnance? Il n'en est point, et le simple bon sens nous dit qu'il ne pourrait y en avoir; car ce serait accorder une prime d'encouragement à la dissolution des mœurs et appeler tous ses ravages sur la société.

L'arbitraire est donc ici indispensable; il supplée au silence de la loi, silence volontaire et justifié par les motifs déjà énoncés. Au reste, cet arbitraire n'a lieu que pour les délits inhérens à la prostitution, puisque, ces cas exceptés, la fille publique, loin de se trouver hors la loi, est habile à tester, à hériter, à contracter mariage, à entreprendre un commerce, et qu'enfin elle jouit aujourd'hui de tous ses droits civils.

Lorsqu'elle commet un délit ou un crime prévu

par le code pénal, l'arbitraire n'enlève pas la prostituée à ses juges naturels; donc elle est placée sous la protection des lois, comme tous les citoyens, et si on la soumet à quelques réglemens exceptionnels, c'est qu'elle est sortie, *propriò motû*, de l'ordre commun; c'est qu'elle-même s'est posée exceptionnellement en dehors de la société dont elle a voulu se séparer par les désordres de sa conduite, et qu'il est dans les obligations des administrateurs d'arrêter, autant qu'ils le peuvent, les fâcheuses conséquences de ces désordres, dans l'intérêt de cette société au bien de laquelle ils doivent constamment veiller.

Mon second exemple découle du précédent, et j'y fais figurer en première ligne l'avocat qui a cru devoir prêter l'aide de son éloquence pour soutenir, selon ses expressions, les droits d'une *fille malheureuse* contre la puissance *arbitraire* d'une administration *tyranniquè*, contre la police enfin. Supposons que le moderne Démosthènes soit parvenu à convaincre les juges de la bonté de sa cause; supposons l'échec de l'administration et le triomphe de la prostituée, dû au talent de la défense. Après l'enivrement du succès, vient le positif de la profession : c'est le réglement de compte avec la cliente ; mais elle est sans ressources, son métier de raccrocheuse l'indique assez, et elle aurait des économies à sa disposition qu'elle en ferait encore mystère dans cette circonstance pour ne pas payer son défenseur et même pour l'apitoyer sur son sort ; car, sur cent filles publiques, s'il s'en trouve une ménagère, elle est aussi extrême dans ses parcimonies que ses compagnes dans leurs prodigalités.

Ainsi, non-seulement l'avocat n'est point rétribué, mais encore son humanité le porte à secourir, de ses propres moyens, celle qui lui devait des honoraires. Cependant, cet homme si généreux, est-il inaccessible aux faiblesses?

Nous nous sommes placés sur le terrain des éventualités ; marchons en avant. Supposons que cet avocat, jeune, facile à s'émouvoir près d'une jolie femme, sensible aux témoignages d'une reconnaissance trop familière, se laisse aller à un moment d'oubli, et presse dans ses bras la sirène impure : une chose n'est pas impossible pour n'être pas probable. Quel peut-être le résultat de cet instant de délire ? La syphilis; cela est d'autant plus à craindre qu'une prostituée n'est jamais sûre, en se levant saine, qu'elle se couchera sans être gangrenée.

Or, que pourra alléguer, contre cette fille, l'homme qui naguère a épuisé pour elle, sa ré-thorique et sa bourse, et qui s'est pavané au bar-reau parce qu'il *l'avait sauvée de l'arbitraire?* Rien, absolument rien.

L'accuserat-il d'ingratitude ? mais l'ingratitude n'est justiciable, ni de nos tribunaux correction-nels, ni de nos cours d'assises. Se plaindra-t-il de la police ? mais c'est lui qui a blâmé la sévérité de sa surveillance contre les prostituées ; c'est lui dont l'éloquence captieuse a paralysé l'action de cette police qu'il voudrait invoquer aujourd'hui.

Pendant le temps qu'il donnera au rétablisse-ment de sa santé, il aura le loisir de comparer les résultats favorables à la santé publique, pro-duite par l'arbitraire, aux résultats opposés, fruits de la licence des prostituées, licence inévitable, si elles étaient soumises seulement au droit com-mun.

La justice ordinaire ne peut rien contre une fille publique qui, sciemment même, communique un mal honteux à l'imprudent qui l'approche.

Les tribunaux sont incompétens pour appeler à leur barre les prostituées, les courtisanes qui, fortes de l'éclat de leurs charmes, de leur prestige passager, lancent dans la voie du désordre, le père de famille, le fils de grande maison, le célibataire et jusqu'au vieillard, dont elles vident la bourse, en empoisonnant leur existence, quand elles n'en avancent pas le terme.

La loi ne peut atteindre l'imposture et l'astuce chez la prostituée qui se fait un mérite, et surtout un jeu, de duper les hommes qui la fréquentent. La loi est également muette contre l'infâme qui va provoquer à la débauche des militaires en faction, ou occupant un poste. La discipline frappera le soldat; mais la prostituée restera impunie.

Il n'y a aucune peine dans nos Codes, contre les filles publiques qui se refusent à la visite des médecins du dispensaire, qui ne s'y rendent pas exactement, etc., etc.

II. 3

Hé bien, comment combler cette lacune, si ce n'est par l'arbitraire, ou par les ordonnances de police et les réglemens sanitaires, formulés pour atteindre les filles coupables de contravention et et de délits non prévus, non désignés et non qualifiés par la loi, et pour les punir d'un emprisonnement de trois, quatre, cinq et six mois, suivant la gravité de ces actes en eux-mêmes, ou dans leurs conséquences ?

Je me dispense de l'énumération de toutes les contraventions aux réglemens de la police, motivant de la part de l'autorité spéciale une punition quelconque, qui ne pourrait être appliquée par la loi commune. Cette énumération serait fastidieuse, et je pense que le lecteur n'en a plus besoin pour apprécier les bienfaits d'une administration dont les ordonnances ont resserré le cours de tant de désordres et arrêté des ravages qui menaçaient d'envahir toutes les populations et toutes les générations.

Aucun homme sensé ne voudrait aujourd'hui refuser à l'administration ce droit de l'arbitraire qui lui est concédé depuis un si grand nombre d'années, qu'elle a conservé au milieu du progrès des lumières, et que les législateurs n'ont jamais pensé à lui ravir.

Dira-t-on qu'il faut donner la sanction légale aux ordonnances de police, aux réglemens sanitaires, et faire un code de la prostitution? C'est impraticable, et les intérêts de la société seraient mal servis en raison de la fécondité du génie des prostituées et de leurs souteneurs à créer de nouvelles combinaisons de délits, de nouvelles nuances de contravention pour esquiver les cas prévus, et parce qu'il y a toujours urgence de repression immédiate, ce qui ne peut se concilier qu'à l'aide d'un pouvoir discrétionnaire que l'on doit bénir, quand on sait qu'il s'exerce avec équité en faveur de tous les habitans des grandes localités contre quelques êtres avilis.

Si les ordonnances de police peuvent seules atteindre les prostituées en état de récidive de contraventions aux réglemens sanitaires pour la pseudonimie ou changement de noms, pour fausses adresses, pour provocation à des militaires, occupant un poste ou en faction, pour ivresse, pour mensonges obstinés, pour disparution, pour rebellion simple envers les inspecteurs, pour refus de visite des médecins du dispensaire, pour acte de prostitution sciemment atteintes de la syphilis, pour absence de la maison de tolérance au moment de la visite des médecins, pour évasion du dispensaire, de la maison de correction ou de l'hôpital, pour continuation de séjour à Paris, après avoir obtenu un passe-port avec secours de route, etc., etc., il est quelques cas prévus par la loi, et dont les tribunaux correctionnels ou les cours d'assises peuvent connaître. En voici quelques exemples :

1° Une fille d'amour ou en numéro quitte furtivement la maison de tolérance dans laquelle elle était inscrite, après avoir détourné, à son profit, une parure, du linge, ou les vêtemens qu'elle porte, et qui appartiennent à la maîtresse de maison, ainsi que je l'ai fait observer dans le chapitre qui traite de l'organisation intérieure de ces maisons. Supposons que, sur la plainte de la directrice, cette fille soit poursuivie, arrêtée et qu'elle figure sur le banc des prévenus, en face de ses juges naturels. Elle sera nécessairement défendue par un avocat de son choix ou au moins nommé d'office. Quel scandale n'entraînera pas cette défense ?

Le tribunal considérera-t-il la prévenue comme femme à gages, comme ouvrière, comme apprentie ? Pourra-t-il lui faire l'application de l'article 386 du Code pénal, § 3 ? J'en doute. Cependant il y a eu délit. Mais au préjudice de qui a eu lieu ce délit, ou, si l'on veut, ce crime ? Les juges seront-ils maîtres de ne pas se laisser préventionner par leur indignation, quand ils verront la plaignante et lorsqu'ils connaîtront sa moralité ? Je ne le crois pas ; un verdict d'acquittement s'en suivra, car c'est ici le cas ou jamais des circonstances atténuantes, fondées sur les exigences intolérables de la matrone, autant que sur le peu d'intérêt qu'elle inspire, circonstances dont le défenseur n'aura pas manqué de tirer parti, tandis que tous ses efforts auraient été inutiles en présence d'une culpabilité matérielle, si le crime eût été commis au préjudice d'une personne estimable.

Eh bien ! la police ne laisse jamais de tels faits impunis ; elle accueille la plainte de la maîtresse de maison, qu'elle doit protéger par les motifs déjà déduits, et si le délit est constant, la délinquante est condamnée à plusieurs mois de réclusion. Ainsi le sanctuaire de la justice n'a pas été souillé publiquement par une cause sale, et le crime est puni, mais arbitrairement, en vertu d'une ordonnance particulière d'un préfet de police.

Il serait à désirer que, par forme de compensation, l'autorité administrative jugeât utile de protéger également la prostituée contre la maîtresse de maison, quand celle-ci empire la situation de la première par des actes révoltans, et tous dans le seul intérêt de son *établissement*, au grand préjudice de la malheureuse fille qui, traitée loyalement, trouverait peut-être une issue au labyrinthe de misères où elle s'est engagée, tandis que l'exploitation sordide, à laquelle elle est soumise despotiquement, lui enlève l'espoir de se réhabiliter, et l'enfonce de plus en plus dans la débauche. Il y aurait peut-être fort peu de vols commis par les prostituées chez les dames de maisons, si ces vols n'étaient plus des représailles contre une rapacité insatiable.

Je remets à d'autres temps les moyens à donner pour arriver à ces résultats, dont le besoin se fait généralement sentir.

2° Une prostituée aura provoqué à la débauche un jeune fils de famille à peine parvenu à l'âge de puberté. Certes, s'il en est résulté un de ces graves accidens, que le lecteur peut deviner sans que je le nomme, le tribunal, sur la plainte des parens, ne balancera pas à se déclarer compétent pour prononcer sur une telle affaire.

Il y a, dans l'espèce, délit et conséquences de délit : il doit y avoir peine; mais cette peine sera-t-elle appliquée en conformité textuelle avec l'article 334 du Code pénal? Le défenseur ne fera-t-il pas encore surgir quelques circonstances atténuantes des faits? La loi atteint généralement ceux qui attentent aux mœurs, ou qui favorisent la débauche de l'un ou de l'autre sexe, au dessous de vingt-et-un ans. Mais que la prostituée n'ait que quinze ou seize ans, et que le jeune homme n'en ait que dix-sept ou dix-huit, les circonstances atténuantes n'en deviendront-elles pas valables, surtout de nos jours où la jeunesse s'abandonne volontiers, dans un âge bien plus tendre, à toutes les chances désastreuses du libertinage? La force de l'évidence est là, et il est probable que le juge s'y soumettra. Il se gardera bien d'absoudre; mais il tempérera beaucoup la rigueur et la durée de la peine.

La police, au contraire, s'empare de la délinquante, quelque soit son âge. Elle la punit pour avoir débauché un fils de famille, pour l'avoir provoqué sur la voie publique, enfin pour s'être livrée à lui, sachant qu'elle était malade, et cette prostituée, qui a jeté la perturbation au sein d'une famille honnête, sera renfermée au moins pendant six mois.

Qui élevera la voix contre cette mesure preservatrice parcé qu'elle est exceptionnelle?

Terminons par une dernière observation. Si la loi, interprètée plus vaguement, considérait comme attentat, comme outrage public à la pudeur, les propos obscènes qu'une prostituée, vêtue d'une manière indécente, tiendrait aux passans, dans la rue ou de ses fenêtres, pour les agacer, qu'en adviendrait-il à cette malheureuse, dont la famille, peut-être honnête, serait abreuvée d'humiliations par la publicité des plus scandaleux débats? Un emprisonnement de trois mois à un an, et une amende de 16 à 200 fr., conformément à l'article 330 du code pénal.

Eh! bien, la justice administrative punira la coupable aussi rigoureusement; elle sera privée de sa liberté, d'abord pendant tout le temps que nécessitera sa guérison, si elle est malade, et ensuite, pendant plusieurs mois, pour contraventions aux réglemens de police. Mais, grâce à ces réglemens, point de publicité, conséquemment plus de scandale. L'amour-propre d'une famille n'a pas été offensé; son honneur n'a pas été froissé, et cependant satisfaction complète a été donnée aux mœurs et à la vindicte publique.

Un grand avantage, résultant encore de ce mode de corrections en faveur des prostituées, c'est que généralement elles ne passent pas, en chartre privée, tout le temps fixé pour leur détention. L'autorité administrative abrège ce temps, lorsqu'elle s'aperçoit que les délinquantes sont dociles, laborieuses, témoignent un repentir sincère, et semblent revenir à de meilleurs sentimens.

Ces actes, d'une indulgence éclairée, sont les fruits de l'étude opiniâtre du cœur humain, surtout dans une classe dépravée, et cette étude est poursuivie, avec une persévérance qui mérite les plus grands éloges, par les directeurs des maisons de corrections des prostituées, ainsi que par les agens chargés spécialement de leur surveillance.

Je m'arrête ici. Je crois avoir prouvé que la conduite de l'administration de la police, envers les prostituées exerçant dans la ville de Paris, est digne des suffrages de la population qui en ressent les utiles effets.

L'arbitraire que certaines gens jettent incessamment à la face des agens de cette administration, avec arrière-pensée ou sans réflexion, est donc un mot sans portée et surtout d'une fausse acception, du moins dans l'espèce.

Au contraire, on doit conclure de tout ce que renferme ce chapitre, que c'est pour le bien de la société et même pour celui des prostituées que les actes qui se rattachent aux mœurs et à la prostitution, entraînent des arrêts administratifs et non judiciaires.

III.

Nécessité de combattre la syphilis, dans l'intérêt général. — Concours à ouvrir pour la découverte d'un remède uniforme. — Les remèdes des charlatans.

J'ai déclaré mon incompétence en médecine; je ne puis donc pas formuler une préférence de tel remède sur tel autre, parmi tous ceux qui sont annoncés comme un antidote souverain contre les ravages de la syphilis. Mais, je présume qu'au milieu d'un aussi grand nombre de recettes, il y en a une bonne, que si elle n'existe pas, on peut arriver à sa composition parfaite, et cela admis, il m'est facile de démontrer l'avantage d'un remède uniforme et à l'épreuve contre cette terrible maladie.

Je n'ai jamais compris l'indifférence stationnaire du gouvernement dans un siècle de progrès, surtout lorsqu'il s'agit d'une découverte utile. Comment n'a-t-il pas encore stimulé le zèle des médecins et des chimistes, en annonçant des récompenses honorifiques et pécuniaires, en faveur de celui qui trouverait le meilleur spécifique à opposer à l'action et aux ravages de la syphilis, comme il l'a fait, à une époque antécédente, pour combattre la *variole ?*

La vaccine a été le résultat des encouragemens de l'autorité, et cette maladie affreuse, la terreur des familles, cette maladie qui estropiait les enfans, qui les rendait hideux, qui les privait de la vue, qui en entraînait un si grand nombre dans la tombe, cette maladie passe aujourd'hui inaperque ; elle n'est plus rien, et son nom ne reste dans notre dictionnaire que pour mémoire.

Pourquoi, après cet élan contre la variole, une inertie inconcevable en présence de la syphilis?

Loin de moi les raisonnemens faux et les déclamations sophistiques de ces prétendus défenseurs de la morale qui, en regardant les conséquenses inévitables du libertinage, comme sa juste punition, trouveraient, dans un remède efficace contre la syphilis, un moyen de plus pour faciliter la dissolution des mœurs, la débauche et la prostitution ! Je vois, dans ce rigorisme, non-seulement une cruauté inouie contre l'imprudent frappé de la syphilis, mais encore un oubli barbare des principes d'humanité applicables à la société entière.

Des médecins distingués, disent, peut-être un peu légèrement, que la violence de la maladie vénérienne n'existe plus aujourd'hui comme aux temps de son apparition en Europe, et que ses ravages étant paralysés par les remèdes qu'on lui oppose, le virus vénérien n'est plus mortel.

J'admets avec ces docteurs que le mal honteux

n'est plus aussi terrible qu'autrefois, et, qu'en s'acclimatant, il a perdu de son caractère dangereux; mais il n'est pas moins reconnu que, si ce mal est négligé ou traité sans une parfaite connaissance de ses symptômes et de ses progrès, il a des retours alarmans et il entraîne après lui les plus funestes effets.

M. Cullerier, médecin en chef de l'hospice des vénériens, rue Saint-Jacques, dont l'expérience scientifique est connue et appréciée, s'exprime ainsi à l'article *Syphilis* du Dictionnaire des sciences médicales :

« Ce qu'ont dit les médecins sur la diminution de la syphilis n'est pas exact. Si, en général, la maladie est moins grave, en compensation elle est plus multipliée. Mais ce n'est pas par sa nature qu'elle est moins grave; car les malades, abandonnés à eux-mêmes, ou livrés aux charlatans, éprouvent, au bout de quelque temps, des symptômes qui représentent absolument ceux décrits par les premiers auteurs, soit pour l'épaisseur des pustules, soit pour la profondeur des chancres, soit pour les douleurs déchirantes, soit enfin pour la destruction de quelques organes. »

« Les médecins, qui ont vu avec quelque attention les hôpitaux de vénériens, ne croient point à l'affaiblissement direct du virus. La maladie est très-rarement grave parce qu'on ne lui donne pas le temps de faire des progrès. »

Je voudrais donc que les médecins et les chimistes les plus expérimentés, concourussent, sous l'influence bienveillante du gouvernement, à la recherche d'un remède qui, éprouvé par d'heureuses applications à la syphilis, obtiendrait enfin les suffrages de la Faculté. Je voudrais que sa composition fut à la connaissance de tous les pharmaciens, habiles alors à le préparer, que le prix surtout en fut extrêmement modique et qu'on accordât même gratuitement ce remède à tout individu porteur d'un certificat d'indigence délivré par le commissaire de police de son quartier.

Les pharmaciens de nos jours, tous capables, tous appréciant l'importance de leur profession, combineraient le remède avec le degré de force ou de faiblesse de la constitution du malade, et, grâce à ces sages modifications, le mal disparaîtrait bientôt, tandis qu'il s'aggrave souvent par l'emploi des médicamens de ces empiriques qui salissent les murs de la capitale de leurs annonces pompeusement mensongères, promettant, pour un salaire plus ou moins exigu, *une cure radicale, à jour fixe*, dans un temps très-rapproché.

S'il est des gens assez simples pour mordre à une amorce aussi grossière, pour donner leur argent en pure perte, et risquer encore la ruine de leur tempéramment, l'autorité supérieure, et plus spécialement l'administration de la police, devraient éclairer le public sur ces piéges tendus à sa crédulité, et ces premières dispositions, favorables à la société, conduiraient sans doute le gouvernement à encourager, à ordonner, même d'office, la recherche du plus efficace des remèdes pour paralyser ou atténuer du moins les ravages de la syphilis.

Je n'attacherais qu'une considération très-secondaire au libertinage individuel dans son principe, s'il était de même dans ses conséquences. Je dirais : tant pis pour l'imprudent qui veut compromettre sa santé. Je ne puis rien pour lui, pas plus qu'en faveur de l'Anglais qui se fait gravement sauter la cervelle, parce qu'il est attaqué dn *spleen*, et du joueur qui va consommer sa ruine sur un tapis vert. Mais je suis en proie à une émotion douloureuse, quand je pense que l'homme, qui vient d'altérer sa santé dans les bras d'une courtisane, peut corrompre le sang de son épouse et, par suite, celui de ses enfans.

Sont-elles coupables, ces malheureuses victimes des désordres d'un mari, d'un père? n'est-il pas de l'injustice la plus criante de les condamner à souffrir les résultats d'une intempérance qui leur est étrangère? Je demande grâce pour elles plus que pour lui; car je ne veux pas qu'une femme et des enfans subissent les affreuses conséquences d'une faute qui n'est pas la leur.

Il n'y a donc plus d'immoralité et ce n'est donc plus favoriser le libertinage que de demander un remède efficace contre la syphilis, avec l'intention qu'il soit mis à la portée de tout le monde.

J'ai entendu de graves personnages discuter sur

cette matière et repousser la découverte de l'anti-dote, non-seulement par les raisons déduites plus haut, mais encore comme tendant à donner de l'extension au célibat, espèce de neutralité dans la grande famille, et nuisible, sous plusieurs rap-ports, à sa prospérité. Cette opinion me semble spécieuse et je ne vois pas qu'elle repose sur une base bien solide.

Les célibataires n'affluent que dans les grandes villes. Ce sont ordinairement des gens peu répan-dus dans la société, par économie d'abord, en-suite par amour de leur indépendance, et qui vi-vent, en quelque sorte, maritalement avec des maîtresses qu'ils trouvent dans la classe des ou-vrières. Mais le nombre des célibataires est moins considérable qu'on le croit communément, et je puis affirmer, en toute sûreté de conscience, qu'ils ne sont pas des habitués de maisons de débauche. Leur conduite, à cet égard, est peut-être plus régulière que celle de beaucoup d'hommes mariés : donc les célibataires ont rarement occasion d'avoir recours au régime qu'exige sou-vent la fréquentation des prostituées.

Le célibat a toujours eu et il aura toujours ses prosélites dans les grandes villes, à cause des plaisirs faciles et sans embarras qui y abondent, et l'autorité la plus absolue, les lois les plus coërcitives ne pourront jamais rien contre un état de choses qui tient à la nature humaine.

Dans les petites villes et dans les villages, on compte peu de célibataires, et cela par l'effet de circonstances en opposition avec les motifs qui déterminent la vocation du célibat dans les grandes cités.

Les habitans des campagnes, dont l'existence laborieuse est pleine de sève et de force, ont des passions quelquefois plus impérieuses que le peuple moins actif et plus pauvre de la capitale; cependant le citadin d'une petite localité et le paysan ne cherchent pas une satisfaction sensuelle à l'instar des grandes villes. Ils ne voient pas de prostituées autour d'eux; ils ne comprennent pas qu'une fille fasse commerce de ses faveurs; ils trouveraient difficilement une femme à séduire; ils ne s'arrêteraient pas à un pareil dessein, retenus par la crainte de la censure qui dévoilerait incessamment leurs écarts, aussi rigoureusement que ceux de l'objet de leurs hommages illicites. C'est pourquoi l'homme de la province ou de la campagne, à peine parvenu à sa vingtième année, remarque une jeune fille à sa convenance, s'en fait agréer et l'épouse ; c'est pourquoi, dans les petites localités, il y a fort peu de célibataires.

Quant aux grandes villes, je crois avoir établi rationnellement que les célibataires, qui y prennent racine, ne seraient pas ceux qui souffriraient le plus de l'absence indéfinie du remède efficace contre la syphilis, mais bien les jeunes gens, les voyageurs, les provinciaux qui ne font que des séjours temporaires à Paris, et les Parisiens que leurs affaires appellent dans les départemens.

Ainsi le mal déborde de toutes parts. Ces voyageurs civils ou militaires, ces provinciaux, ces Parisiens se répandent continuellement sur tous les points de la France. Qu'un certain nombre d'entre eux soit atteint de la maladie honteuse, et chacun va la propager jusque dans le sein de sa famille.

Hé! bien, je demande encore l'antidote pour

eux, pour leurs victimes; je le demande même pour les prostituées qui sont la source intarissable du mal. Car il est bien certain que si l'on parvient jamais à assainir la prostitution, ce sera un grand pas vers l'amélioration générale que je réclame, et l'on ne peut l'attendre que du moyen que j'indique, et non d'un système de sévérité inhumaine que la nature brave dans ses écarts.

Encore une fois, si ceux qui ont été chercher le mal en demeuraient seuls atteints, je combattrais avec moins d'ardeur le rigide moraliste qui les condamne à boire la coupe d'amertume jusqu'à la lie. Mais quand la syphilis étend ses ravages sur des épouses chastes et des enfans purs, il y a, de la part de ces frondeurs insensibles, déni de bon sens, d'humanité et de justice, de confondre, dans leur colère vindicative et aveugle, les innocens avec le coupable.

Voilà mes preuves de la nécessité impérieuse de hâter, par tous les moyens d'encouragemens possibles, la découverte d'un bon remède contre les ravages de la syphilis. Mes intentions sont franches, mon but est à découvert : Dieu fasse que je sois entendu !

IV.

Les marlous de différentes espèces. — Amans de prostituées de toute classe et souteneurs de raccrocheuses. — Protecteurs de maîtresses de maisons clandestines. — Intrigantes. — Origine commune des marlous. — Quelques anecdotes.

Aucune langue ne renferme un terme assez énergique pour flétrir, de toute la puissance de ma conviction, l'être le plus lâche et le plus vil qui soit au monde, celui qui vit aux dépens d'une malheureuse vouée à l'opprobre, ne subvenant à ses besoins quotidiens qu'en s'abandonnant à la satisfaction des fantaisies les plus dégoûtantes; car la débauche ne se borne pas, dans ses excès, à suivre les penchans de la nature, elle l'outrage sans cesse par des écarts nés de la satiété. Et c'est le salaire impur des plus infâmes désordres qu'un homme n'a pas honte de partager avec des filles publiques, de le leur arracher quelquefois pour en faire son revenu.

On le nomme *souteneur* ou *marlou*. Je me contenterai donc de le désigner sous ces noms consacrés dans le vocabulaire de la prostitution.

La désignation seule de ces êtres dégradés fait monter le rouge au visage; mais l'indignation est à son comble quand on pense que, parmi eux, se trouvent des hommes tenant à des familles honorables qui sont loin de soupçonner l'avilissement volontaire de quelques-uns des leurs. Ces souteneurs, dont je tais les noms, autant par pudeur que par charité, s'étourdissent sur ce que leur genre de vie a d'ignoble et de repoussant, et ils en imposent aux masses par l'élégance de leurs dehors ; mais ils n'en sont pas moins des *marlous,* et pour être les amans des prostituées de haut parage , ils ne tirent pas moins leur existence des sources de la dépravation ; enfin il faut, pour gagner leurs *honoraires,* qu'ils s'assimilent aux souteneurs des filles sur la voie publique, en se tenant toujours prêts à défendre leurs *dames* contre les insultes de ceux avec qui elles se trouvent en rapports immédiats , ou contre leurs roueries parcimonieuses, lorsqu'ils se font tirer l'oreille pour livrer le salaire de la prostitution.

L'emploi des souteneurs de raccrocheuses les oblige encore à tâcher de soustraire les filles à la surveillance de la police, et de les arracher des mains de ses agens, lorsqu'elles sont arrêtées; ils s'efforcent de les enlever aux militaires ou aux gardes nationaux qui les conduisent au poste, chez le commissaire du quartier ou au dépôt de la préfecture de police.

Si les marlous de classe supérieure ne descendent pas, pour exercer jusque sur les trottoirs, c'est que leurs *dames* ne raccrochent pas sur la voie publique; c'est qu'elles se bornent à faire circuler des adresses, pour recevoir chez elles, où elles donnent à dîner, à danser et à jouer. Mais ces prostituées de haut parage sont-elles arrêtées, prévenues de contraventions, aussitôt leurs marlous courent les réclamer à la préfecture; ils les abritent sous l'éclat d'un nom imposant quelquefois par de grands souvenirs. N'est-ce pas une dérision abominable, un oubli des convenances les plus sacrées, que d'avilir un nom reçu pur en héritage, en le confondant avec celui d'une prostituée ?

J'ai entre les mains des lettres qui m'ont été adressées, par quelques-uns de ces *messieurs*, en faveur de leurs maîtresses arrêtées par les soins de mes inspecteurs. Ces lettres sont vraiment pitoyables : ce sont autant de tissus d'absurdités, de flagorneries et de bassesses.

L'abus d'une aussi lâche protection s'étend parfois au-delà de l'emploi salarié du souteneur, et plus d'un *noble* familier de maisons de débauche ne craint pas d'employer son crédit, en semblable circonstance, pour la seule satisfaction de son libertinage.

Une mère éplorée se présenta à mon bureau, le

5 juin 1830 ; elle me supplia de venir à son secours ; un danger imminent menaçait sa fille, trompée par les promesses de la dame B....., et qui s'était échappée de la demeure maternelle, pour se rendre chez ladite dame B....., dans l'intention sans doute de s'y prostituer.

Elle ajouta : « Ma fille était vertueuse, et si nous
» arrivons, sans perdre de temps, chez l'infâme
» qui veut l'entraîner dans l'abîme, nous trouve-
» rons encore ma fille pure. C'est mon espoir ;
» c'est mon soutien dans la douleur qui m'ac-
» cable. »

Je priai cette malheureuse mère de me raconter ses griefs pour établir mon plan de conduite d'après son récit. Elle continua ainsi :

« Réduite à un état voisin de l'indigence, après
» avoir perdu mon mari, j'ai dû élever ma fille
» dans l'amour du travail, et je dois avouer que
» je ne me suis jamais aperçue qu'elle ait rempli
» ses devoirs avec contrainte et répugnance ; aussi
» étions nous heureuses autant que notre position
» pouvait nous le permettre.

» Un jour la dame B....., que nous n'avions

» jamais vue, vint nous proposer un ouvrage facile
» auquel elle attacha un prix assez élevé; ma fille
» l'accepta, et je déclare que je fus la première à
» l'y engager. Pendant la confection du travail,
» la dame B..... vint nous voir assidûment deux
» fois par semaine, et rien dans ses discours n'é-
» veilla mes soupçons.

» L'ouvrage fini, elle en parut charmée; elle
» nous le paya, et, dès le lendemain, nous en
» apporta un autre, en nous assurant qu'il ne
» nous en manquerait jamais, parce qu'elle avait
« de fortes commandes dans la partie. Nous nous
» épuisâmes en remercîmens. Hélas! nous ne nous
» doutions pas que cette femme exploitait notre
» situation précaire. Cependant ses visites se suc-
» cédaient d'une manière qui finit par m'inquiéter.
» Dès-lors je ne laissai plus ma fille seule avec
» elle.

» Cette prudence de ma part, jeta du froid
» entre nous. Elle n'apporta plus le travail, et
» prétendit exiger que ma fille allât le chercher
» chez elle. Je pris ces démarches sur mon compte
» personnel, elle s'aperçut alors qu'elle était

» devinée. Mais trop astucieuse pour brusquer
» une rupture, et trop perfide pour renoncer à sa
» proie, elle revint à ses premières complaisances
» et à ses premières assiduités. Je ne pus que
» me tenir sur mes gardes, sans en venir à un
» éclat, parce que, dans mes appréhensions, tout
» était vague et conjectural.

» Pendant les visites nouvelles de la dame B...,
» les chuchottemens remplacèrent la conversation
» à haute voix, et si je demandais le motif de ce
» mystère, on ne me faisait que des réponses éva-
» sives. Je n'avais plus toute la confiance de mon
» Élisa, et je ne l'en surveillais que plus rigou-
» reusement.

» Depuis quelques jours, je l'ai vue pensive,
» abattue, les yeux noyés de larmes. A toutes mes
» questions, elle n'a répondu que par des lar-
» mes encore plus abondantes, et en se jetant
» dans mes bras. Enfin elle a disparu ce matin,
» et je tremble qu'elle ne se soit rendue chez la
» dame B...., mais ma pauvre fille, j'en suis cer-
» taine, lutte contre son déshonneur, et elle re-
» culera devant l'abîme, si l'infâme qui l'a creusé

» sous ses pieds ne l'y pousse pas avec violence.
» Au nom de Dieu, monsieur le commissaire, au
» nom de vos enfans, et de tout ce qui est sacré
» pour vous, je vous en supplie, venez avec moi
» chez la dame B...., hâtons-nous! et peut-être re-
» trouverons-nous ma fille encore digne des em-
» brassemens de sa mère!... »

La dame B...., m'étant parfaitement connue, puisque c'était une maîtresse de maison de tolérance, dite *à parties*, je ne doutai pas de la sincérité du récit de madame A***, que j'engageai à m'attendre dans mon bureau, ne jugeant point à propos qu'elle m'accompagnât, dans la crainte de compromettre l'affaire. D'ailleurs, je voulais agir isolément pour rendre une fille à sa mère si elle en était encore digne, et pour provoquer en même temps la punition exemplaire de la maîtresse de maison qui avait profité de la position peu aisée de deux femmes, pour circonvenir avec une persévérance satanique une jeune fille innocente. Je désirais encore interroger celle-ci hors de l'influence de sa mère, pour savoir jusqu'à quel point la jeune personne avait conservé sa pureté, ou était déjà pervertie.

Je me rendis donc chez la dame B...., assisté de deux inspecteurs sous mes ordres. La maîtresse était sortie, et je fus reçu par la servante qui, voyant trois hommes ensemble ne voulait pas nous laisser entrer, sous le prétexte qu'en l'absence de sa dame, elle avait l'ordre de fermer la porte aux gens qu'elle ne connaissait pas. Pour trancher toutes les difficultés, je déclinai à la servante ma qualité, dont je lui fis voir les insignes. Aussitôt le passage me fut ouvert.

Je plaçai un de mes inspecteurs à la porte d'entrée avec la consigne de laisser, ou, pour mieux dire, de faire entrer toutes les personnes qui se présenteraient, et défenses expresses de laisser sortir qui que ce fut sans mon ordre : on voit d'ici le but de mes précautions.

Je procédai immédiatement à la visite de toutes les pièces de l'appartement. Dans le salon, personne; dans la chambre à coucher de la dame B...., personne; dans les cabinets adjacens, personne. Au moment où j'ouvrais une porte de communication à plusieurs autres chambres, je crus entendre comme le frolement d'une robe de soie; ce léger bruit me sembla partir d'une des pièces situées au fond d'un corridor; tout me porta à croire que c'était une femme qui cherchait à se cacher ou à s'enfuir. Je m'avancai promptement, et en effet, je me trouvais face-à-face avec une jeune personne dont la toilette de présentation n'était pas achevée.

Je l'interrogeai sur-le-champ, et j'appris que la malheureuse mère n'avait que trop bien deviné : c'était sa fille qui, cédant enfin aux poursuites acharnées et aux perfides fascinations de la dame B...., avait échappé à la surveillance maternelle pour se prostituer à un riche Anglais que la matrone était elle-même allé chercher.

Mademoiselle Elisa me confirma en tout point la déclaration de sa mère; elle m'avoua que c'était sa première démarche coupable, mais que son déshonneur n'était pas encore consommé, puisque l'individu auquel l'entremetteuse la destinait n'était pas dans la maison, incertain sans doute que sa victime s'y rendît sans qu'il en fût prévenu.

Sur ma demande si elle était venue chez la dame B.... de son plein gré, et si elle savait qu'elles étaient les vues de cette femme sur elle? la jeune fille me répondit en rougissant :.

« Je ne puis pas dire que madame B.... ait
» usé de violence envers moi. Plût à Dieu qu'elle
» l'eût fait! je ne serais pas tombée dans le piége.
» Mais elle s'est insinuée peu à peu dans mon es-
» prit; elle a gagné ma confiance à force de flat-
» teries. Après l'éloge de ma figure, elle m'a fait
» entrevoir les avantages que je pourrais en reti-
» rer pour ma mère et pour moi.

» D'ailleurs, me disait-elle, je vous destine à
» un honnête lord anglais, d'une fortune immense,
» garçon, et qui pourrait peut-être vous épouser
» un jour, ou, tout au moins, vous assurer une
» existence indépendante et heureuse. Ces paro-
» les étaient si pleines de compassion et de bien-
» veillance que je m'y laissai prendre, et la séduc-
» tion fut d'autant plus facile que j'ignorais
» l'industrie exercée par la dame B.....

» C'est donc fascinée par cette femme, mais
» volontairement, que je suis venue ici. Je remer-

» cie le ciel de votre arrivée, qui me sauve du préci-

» pice. Mais ma mère, voudra-t-elle me pardonner?

» Dieu sait que si je me livrais, c'était pour elle.

» Je ne pensais qu'à lui assurer un morceau de

» pain pour ses vieux jours. »

Je la tranquillisai sur les dispositions de sa mère.

À la fin de mon interrogatoire, survint la dame B...., et, quelques instans plus tard, l'Anglais. La première, accablée sous le poids de l'évidence du flagrant délit, avoua tout.

Le lord me fit demander un entretien particulier, pendant lequel il insita pour que je ne donnasse pas suite à mon procès-verbal. Comme il ne put obtenir ce qu'il sollicitait *de ma complaisance*, disait-il, il me fit entrevoir qu'il était en position de s'adresser à plus haut que moi et qu'au besoin il ferait parler des personnes à qui l'on ne refuse rien. Je me contentai de lui répondre qu'il serait mieux de sa part, d'employer son crédit pour quelqu'un qui en fût plus digne qu'une vile entremetteuse, qu , quant à moi, j'avais un devoir à remplir, et que nulle considération ne m'empêcherait d'exécuter mon mandat.

Je fis conduire la dame B..... et la fille Elisa à la Préfecture de police ; la première pour y attendre la décision que le Préfet prendrait sur son compte, et la seconde pour y passer à la visite des médecins du dispensaire. Leur inspection lui étant favorable, elle fut immédiatement rendue à sa mère qui l'attendait avec anxiété dans mon bureau.

Mais quelle transition soudaine de la tristesse à la joie ! C'était un spectacle bien doux que celui d'une fille repentante, se précipitant dans les bras de sa mère qui la pressait convulsivement sur son sein, en pleurant à chaudes larmes et en lui donnant les noms les plus tendres.

Les défenseurs du système ultrà-légal sans amendement, oseront-ils, dans cette circonstance, nier le bienfait de l'arbitraire ? Si la maison de la femme B... n'avait pas été soumise à l'action continue et immédiate de la police, la barrière de l'honneur aurait été franchie, et la jeune femme, perdue. Quel bonheur pour moi, dans ce moment, de remplir des fonctions qui m'autorisaient à faire le bien en arrachant une victime à la séduction, et en rendant à sa mère une fille qu'elle pouvait encore aimer sans honte.

Les fonctions les plus difficiles, les plus pénibles ont leurs beaux jours : c'est l'indemnité des sarcasmes, des invectives, des calomnies et des dégoûts dont on ne cesse d'accabler les employés de l'administration de la police ; et s'ils succombent dans une lutte inégale, le sentiment d'avoir rempli honorablement leur devoir, les accompagne et les console dans leur obscure retraite.

Quelques jours après cette expédition, je fus mandé par M. Mangin, alors préfet de police, et je me trouvai dans son cabinet en présence du lord que j'avais rencontré chez la dame B....... Il m'avait tenu parole ; il s'était adressé à plus haut que moi, puisqu'il était arrivé jusqu'au chef suprême de l'administration ; je le vis même accompagné d'un autre personnage qui me sembla d'un rang élevé, et dont je n'ai jamais cherché à savoir le nom.

M. Mangin m'adressa quelques questions sur

l'affaire en litige ; je le satisfis, et lui déclarai que je m'en référais, du reste, à mon procès-verbal, dans la teneur duquel je persistais. Alors, M. Mangin, l'un des hommes les plus probes et l'un des magistrats les plus intègres que j'aie connus, résista de toute la force de sa conscience aux sollicitations de l'Anglais et de son second ; il déclara formellement que cette affaire ne le regardait plus, qu'il applaudissait à la manière dont je l'avais conduite, et que la justice devait avoir son cours.

Il arrive quelquefois que les rôles sont intervertis, et qu'une *grande dame*, prostituant son crédit en faveur de scélérats consommés, les arrache à l'action de la loi, et prive ainsi la société d'une haute leçon, dans l'intérêt de la vindicte publique, en même temps qu'elle perpétue l'inquiétude de la population par la rentrée de ces bandits dans le monde. A quoi attribuer ces protections insolites, si ce n'est à des liaisons monstrueuses, à l'oubli de tous les devoirs et aux débordemens des passions ?

J'appuie ces réflexions sur un fait authentique.

Une tentative de vol et d'assassinat eut lieu, le

11 mars 1831, en plein jour, rue et place Taranne, sur la personne du propriétaire de la maison n° 18, et sur celle de sa servante. La résistance et les cris des victimes parvinrent jusqu'aux oreilles de quelques voisins qui accoururent à leur secours, et déjouèrent heureusement les projets des assassins : ceux-ci cherchèrent leur salut dans la fuite.

L'un d'eux, nommé Huet, forçat libéré, domestique chez le sieur Bruno, dentiste, demeurant au premier étage de cette maison, se voyant découvert, se précipita de la fenêtre de la chambre du propriétaire et tomba sur la place Taranne. Dans sa chûte, il se cassa le bras droit, les deux jambes et se fracassa totalement la mâchoire. Cependant il n'était pas mort, il conservait encore toutes ses facultés intellectuelles ; dans cet état, il fut transporté à l'hôpital de la Charité, rue Jacob.

Tandis que le commissaire de police du quartier de la Monnaie interrogeait le nommé Dezendrieux, forçat libéré, qui avait été arrêté sur les lieux, je fus délégué par M. le Préfet pour me transporter

immédiatement à l'hôpital de la Charité, et re-
cueillir, autant que possible, de la bouche de Huet,
des renseignemens sur l'attentat auquel celui-ci
avait participé; il s'agissait surtout de connaître
les noms et demeures de ses complices.

J'interrogeai Huet avec les plus grandes précautions; mais je ne pus rien obtenir du mourant
qui, par la nature de ses blessures, était incapable d'articuler une seule parole, quoiqu'il eût témoigné, de la manière la plus positive, qu'il voulait bien se rendre à mes exhortations.

L'interrogatoire avait lieu en présence de
M. Bruno, dentiste, de MM. les chirurgiens de
service, et des gardiens de l'hôpital. Ayant perdu
l'espoir d'obtenir aucun renseignement de Huet,
j'allais clore mon procès-verbal et constater l'impossibilité physique où se trouvait le malade de
répondre à aucune des questions que je lui avais
adressées, lorsqu'il me vint à l'idée de demander
à M. Bruno si Huet savait lire. Sur la réponse af-
firmative du premier, je traçai à la hâte, sur une
feuille de papier, un alphabet que je présentai ensuite au nommé Huet, en lui demandant s'il dis-

tinguait parfaitement les lettres. Celui-ci m'ayant fait un signe affirmatif, je lui présentai de nouveau l'alphabet que je venais de tracer, et je le lui fis parcourir des yeux, en lui demandant, à chaque lettre, si elle faisait partie de celles qui devaient composer le nom de son complice; puis, sur de nouveaux signes affirmatifs ou négatifs de Huet, je plaçai *chaque lettre signalée*, à part, sur une feuille de papier blanc, et je laissai les autres de côté. Cet interrogatoire me donna les lettres *a*, *c*, *e*, *g*, *h*, *r*, et *u*.

En suivant le même procédé, je passais à d'autres questions : quelle est dans ces lettres, celle qui commence le nom de votre complice? est-ce celle-là? quelle est la seconde? est-ce celle-ci ? et ainsi de suite, de manière que la réunion de ces lettres, dans l'ordre voulu, et toujours d'après les signes de Huet, forma le mot *Gaucher*, que je prononçai sur-le-champ à haute voix, en présence des personnes ci-dessus désignées, afin d'apprendre, par de nouveaux signes de Huet, si c'était bien là le nom de celui qu'il voulait désigner comme un de ses complices. C'est ce qui fut réellement confirmé ainsi à plusieurs reprises.

Alors, je me rendis en toute hâte dans la maison de la place Tarane, N° 18, accompagné de M. Bruno; je me présentai, décoré de mes insignes, dans la première pièce de l'appartement où l'exécution du crime avait été commencée, et j'y trouvai mon collègue, occupé à interroger le nommé Dezendrieux, qui niait sa coopération à l'attentat avec l'assurance d'un brigand incarné, convaincu qu'il était de la mort de Huet et de la fuite de Gaucher; mais à mon aspect, et principalement à la question soudaine que je lui adressai : Dezendrieux, qu'est devenu Gaucher? il se déconcerta, il pâlit, il balbutia un : *je n'en sais rien; je ne sais pas ce que vous voulez me dire.* Mais après une brève et vive allocution, après mes reproches contre l'infamie de sa conduite, lorsqu'il venait d'être l'objet de la clémence du chef de l'Etat, qui l'avait gracié de plusieurs années qu'il avait encore à passer au bagne; quand surtout je lui eus fait part de l'interrogatoire subi par Huet, qui n'était pas mort de sa chute; alors Dezendrieux changea de langage et me demanda un entretien particulier. Nous entrâmes ensemble dans la cuisine; des inspecteurs de police se tinrent à la porte pour m'être en aide au besoin, et là, il m'avoua sa complicité avec Gaucher et Huet. Mais il m'importait de connaître la demeure de Gaucher, que la position de Huet ne lui avait pas permis de me donner par les mêmes moyens que j'avais mis en usage pour obtenir le nom du criminel en fuite : le grand nombre des rues de Paris, les noms presque identiques de plusieurs, et leur numérotage, auraient rendu cette opération interminable. Je demandai donc à Dezendrieux l'adresse de Gaucher : il me la donna.

J'envoyai à l'instant deux inspecteurs s'établir près du lieu indiqué, pour y exercer une surveillance qui pût amener l'arrestation de Gaucher. En effet, celui-ci, rentrant chez lui, vers les trois heures du matin, fut arrêté et mis à la disposition du procureur du roi, ainsi que Dezendrieux, dont les révélations furent complétées devant le commissaire de police du quartier de la Monnaie, qui avait commencé son interrogatoire.

Or, Dezendrieux seul a porté sa tête sur l'échafaud; la peine capitale qui devait également frapper Gaucher, a été commuée en une détention perpétuelle, grâce à une faiblesse, au moins intempestive, de quelques hauts fonctionnaires, et à leur complaisance aveugle en faveur de certaine dame qui a acquis, depuis, une *célébrité judiciaire.* Gaucher a brisé ses fers, a franchi les murs de sa prison, et la société, péniblement émue de l'évasion d'un tel scélérat, reste en proie à l'anxiété que lui inspire un homme qui ne peut vivre que de crimes, en déplorant l'action de la justice suspendue au profit d'un brigand redoutable qui, en continuant sa carrière de vols et de meurtres, échappe à toutes les investigations de la police de France et de celle des royaumes voisins.

Hé bien ! cette intrigante n'aura peut-être, un jour, pour toute ressource, que l'établissement d'une maison de débauche clandestine. Que Gaucher parvienne à se rendre méconnaissable, à se soustraire à toutes les recherches, et après avoir été si puissamment protégé par sa *dame,* il deviendra son marlou.

D'après cela, je laisse à la sagacité du lecteur, le soin d'apprécier la moralité de toute femme, quelque soit son rang, qui ne craint pas de se compromettre par des démarches en faveur d'un individu marqué des stigmates de l'infamie, et de prendre la mesure des principes honorables de tout homme, fût-il de haute extraction, qui emploie son crédit à paralyser la force légale justement dirigée contre les plus viles créatures.

Je rentre dans la stricte spécialité de ce chapitre en concluant, de faits avérés que les libertins qui jouissent d'une haute position sociale et des faveurs d'une grande fortune, trouvent d'infâmes proxénètes pour leur procurer de jeunes victimes qu'elles vont chercher jusque sous les yeux de leurs mères; et que ces heureux du jour, apôtres du libertinage, ne craignent pas de compromettre leurs noms, et de s'avilir en soutenant les entremetteuses pour affaiblir l'action de la police et enlever à la vindicte publique des coupables indignes de la moindre indulgence. Ces exemples se reproduisent trop souvent. Ainsi des hommes, en apparence recommandables, ne reculent pas devant la pensée d'être confondus avec les souteneurs des prostituées, avec les marlous ! Car enfin, faites disparaître la distance entre les positions sociales ; établissez le parallèle, et vous verrez que les rôles sont les mêmes. Les uns vont jusqu'au chef de la magistrature, avec l'intention de soustraire leurs protégées à la justice ; et leur force est dans les prérogatives d'un nom illustre, dans l'éclat d'un habit chamarré de cordons, de crachats et de croix. Les autres se battent sur la voie publique avec les agens de la police ou avec la force armée pour arracher les prostituées de leurs mains : c'est aller au même but par divers chemins. Ne pourrait-on pas même dire que le rôle de ceux-ci est plus franc, plus loyal? Ils courent la chance d'être blessés, tués, et si la force armée ou les agens s'emparent d'eux, ils sont passibles des peines portées contre ceux qui se révoltent envers les mandataires de l'autorité dans l'exercice de leurs fonctions; tandis que les autres ne risquent rien, si ce n'est l'humiliation d'un refus. Mais leur vanité seule est atteinte, et ces hommes qui ne se respectent pas, ces hommes dont les seuls principes sont de n'en point avoir, oublient bientôt un désappointement qu'ils ont reçu avec dédain, pour étayer encore de leur protection les pourvoyeuses de leurs criminels plaisirs.

Il est donc des souteneurs, des marlous dans toutes les classes de la société ; on en trouve dans les salons de l'opulence comme sur le grabat de la misère. Que de familles respectables seraient réduites au désespoir, si je divulguais les noms de ceux qui les déshonorent! mais laissons-leur une bienfaisante ignorance, voile heureux qui leur cache un opprobre dont elles ne sont pas complices. Puisse ma réserve, toute bénévole, faire rentrer dans le sentier de l'honneur, quelques jeunes gens égarés! puissent-ils comprendre que leur éducation et le rang de leur famille devraient leur inspirer une salutaire horreur pour un genre de vie qui ne peut convenir qu'aux scélérats consommés!

En effet, de quels individus se compose la tourbe abjecte des marlous? si l'on en excepte quelques libertins titrés, quelques étudians que le jeu et la débauche ont lancés dans cette carrière de boue, quelques commis marchands, dont le plus grand nombre sans emploi ; quelques garçons tailleurs et quelques industriels sans ouvrage (1), tout le reste n'est qu'un ramas de filous , de voleurs et d'assassins. Dans cette classe, pullulent les échappés des bagnes, les repris de justice et les forçats libérés qui ont rompu leur ban.

Ce sont les marlous qui, comme auxiliaires des Irma , des Victorine, des Nina , des Rosine, descendent armés dans les rues, sur les places, et courent se ruer sur la force publique préposée au maintien de l'ordre et à la sûreté des citoyens ; ce

(1) Monsieur Y......, à qui j'ai lu mon manuscrit, m'a affirmé que, dans certains théâtres où les honoraires sont généralement minimes, quelques acteurs n'ont pas honte de descendre au niveau des marlous en vivant publiquement avec des filles publiques. Bien plus, il s'en vantent en croyant trouver une justification dans leur jactance : « Les » appointemens sont si faibles ; il n'y a pas de quoi payer » le tailleur et le bottier. Voilà pourquoi je suis *l'amant* » d'une fille : ça me donne au moins la table et le loge- » ment. » Tel est le langage que monsieur Y...... lui-même a entendu tenir par un de ces acteurs. Je présume que de tels exemples sont rares, surtout de nos jours où l'opinion publique tient compte aux acteurs de leur conduite honorable comme tous les autres citoyens.

Monsieur Y....., à qui je dois cette note, est celui qui m'a fourni les principales observations que je développerai ci-après sur la prostitution dans l'intérieur des théâtres.

sont les marlous qui produisent les Lacenaires, les Fieschi, les Huet, le Dezendrieux, les Gaucher et tant d'autres qui ont acquis leur célébrité sur l'échafaud.

Jusques à quand fermera-t-on les yeux sur les épouvantables résultats de l'agglomération de ces individus dans les grandes villes et surtout dans la capitale? Les chambres représentatives du royaume n'apprécieront-elles jamais l'importance d'une loi qui repousse de la société ce fléau qui l'empoisonne, qui la dévaste? N'est-il aucun moyen de réduire à l'impuissance les efforts les plus horribles de la corruption et du crime?

V.

Projet d'expulsion des marlous de la capitale. — Urgence de
cette loi. — Quelques observations sur les forçats libérés.

Je ne suis pas légiste ; j'ignore jusqu'à quel
point, sous un gouvernement tel que le nôtre, on
peut légalement restreindre les droits de la liberté
individuelle, et amoindrir cette conquête de no-

tre civilisation, achetée par tant de sang répandu, et par tant d'autres sacrifices. Mais l'homme qui foule aux pieds la Charte sociale, que l'infamie de sa vie déshonore dans l'opinion de tous, qui se met enfin lui-même, pour ainsi dire, hors de la loi, cet homme peut-il encore avoir droit à la protection de cette loi qu'il déchire, qu'il viole, qu'il outrage? Non, mille fois non. A défaut de science, c'est le bon sens qui me donne cette conviction.

Le voleur qui dépouille, et l'assassin qui tue, sont aussi des hommes, mais le Code, où ils trouvaient leur sauve-garde, avant de sortir de la ligne de leurs devoirs, les frappe dès qu'ils sont convaincus d'avoir porté, par leur crimes, atteinte à la société.

Or, le marlou est selon moi, plus criminel encore que le voleur et l'assassin. Ceux-ci outre les difficultés qu'ils rencontrent, et les dangers qu'ils affrontent sont encore forcés de mettre des intervalles entre leurs *opérations*, attendu qu'elles ne peuvent rester ignorées, et que leur sûreté exige qu'ils se tiennent à l'écart pendant les premières investigations de l'autorité, et tant que l'attention publi-

que se porte vers un crime récemment commis ;
ils ne peuvent donc atteindre que quelques individus, et à des époques éloignées. Le marlou, au
contraire, vole et tue journellement dans l'antre de
la prostitution ; là, point d'escalade, point d'ef-
fraction, de bris de porte ; point d'attaque à force
ouverte. Là, ses victimes vont au-devant de ses
coups. S'il se contente de les dépouiller, il est
presque sûr de l'impunité, car peu de gens sont
disposés à une dénonciation en pareille circonstance, et ils supportent une perte d'argent, plutôt que d'avouer qu'ils ont été volés dans un mauvais lieu. Si le marlou va jusqu'au meurtre, tous
les moyens sont préparés pour le consommer sans
bruit et pour faire disparaître les preuves du crime.
Celui qui a été étranglé, poignardé et morcelé,
n'avait fait confidence à personne de sa velléité
fatale ; on ne sait ce qu'il est devenu ; on ne peut se
mettre sur sa trace ; on s'en inquiète quelque temps ;
on finit par ne plus s'en occuper, et il n'en est pas
davantage. Sans compter l'infamie attachée à l'emploi du marlou, sous le rapport de l'immoralité,
les horribles conséquences de ses actes criminels

sont incalculables, et aucune prévision humaine ne saurait leur assigner de bornes.

Pourquoi donc une loi spéciale, contre une classe de scélérats plus à craindre que tous les autres, ne serait-elle pas discutée, votée unanimement et promulguée dans le plus bref délai? elle est réclamée par nos mœurs, par l'ordre public, par les progrès de la civilisation, par la sécurité des familles, par l'honneur national; son existence est un besoin, et l'ajourner indéfiniment, se serait se mettre en opposition flagrante avec ce que la société a de plus honorable.

M'objectera-t-on que mon projet, bon en théorie, serait impraticable? verra-t-on l'impossibilité de sa juste application? je sais que le marlou n'a pas, sur le front, un signe caractéristique qui le dénonce à la réprobation. Loin de moi la pensée d'agir au hasard et de courir les risques d'assimiler d'honnêtes gens à des souteneurs de prostituées.

L'administration a trop de prudence pour agir inconsidérément, et sans être sûre de son fait. D'ailleurs elle ne s'adresserait d'abord qu'aux marlous connus pour *tels* de longue date , et certes , le nombre en est malheureusement trop considérable. Plus tard , elle prendrait des mesures qui établiraient une ligne de démarcation bien distincte entr'eux et les citoyens hors d'une catégorie traquée dans Paris , dans les grandes villes , et chassée de leur enceinte , et s'il y avait quelques bévues à signaler , on ne pourrait les imputer qu'à la fausse position où se mettraient , par manque de discernement ou par imprudence, ceux qui seraient pris pour ce qu'ils ne seraient pas. Des hommes ont été arrêtés comme escrocs au milieu de la foule ; d'autres , comme fauteurs de troubles dans une émeute ; quelques-uns y ont été blessés, et cependant ce n'étaient que des curieux , d'ailleurs fort honnêtes gens. Hé! bien , les derniers disaient leur *meâ culpâ* en faisant panser leurs blessures , et les premiers ne pouvaient raisonnablement qu'en faire autant , parce que c'était leur faute, à eux seuls, s'ils se sont trouvés confondus avec des hommes contre qui la force publique avait droit d'agir dans l'intérêt général. Celui qui ne veut, ni passer pour un filou , ni être écrasé, a grand soin d'éviter ces groupes qui grossissent et deviennent compacts ; celui qui ne veut pas être pris pour un marlou, ne s'établira pas chez une prostituée de manière à convaincre les moins clairvoyans que là sont tous ses moyens d'existence.

La société gagnera donc beaucoup déjà à l'expulsion de la capitale de tous les marlous connus pour tels de longue date. Ensuite, la police surveillerait ces êtres problématiques dont les ressources sont continuellement équivoques , et ce ne serait pas porter atteinte à la liberté individuelle que de faire arrêter et renvoyer dans ses foyers un individu sans état avoué, sans travail, sans asile personnel, sans répondant honorable , et sans moyens d'existence.

D'après tous ces motifs, je pense qu'on ferait bien de proposer un projet de loi dans les termes suivans :

ART. 1. Tout individu notoirement connu pour vivre et habiter avec une fille publique, sachant qu'elle n'existe que du produit de sa prostitution , lorsque lui-même serait à Paris , sans état connu, sans travail, sans asile personnel , sans répondant honorable et sans moyens d'existence, sera renvoyé immédiatement dans ses foyers.

ART. 2. Un passeport gratuit , avec indemnité de route, lui sera accordé pour la première fois ; mais s'il venait à rompre son ban , et qu'il s'introduisît furtivement dans Paris sans autorisation expresse, il sera réintégré dans ses foyers, conduit de brigade en brigade par la gendarmerie ; et , en cas de récidive , il sera condamné à un emprisonnement dont la durée ne pourra être moindre de six mois et qui ne dépassera pas deux ans.

ART. 3. Lorsque le prévenu appartiendra à une famille résidant à Paris , et qu'elle se refusera à le recevoir dans son sein , il lui sera assigné une résidence hors de la capitale, à une distance au moins de dix lieues.

ART. 4. Il en sera de même à l'égard des prévenus réclusionnaires libérés , et autres libérés de justice, qui auraient obtenu Paris pour résidence.

Dans le cas où les uns ou les autres rompraient leur banc, ils seront condamnés, les premiers, à un emprisonnement dont la durée ne pourra être moindre de six mois et qui ne dépassera pas deux ans. Les derniers, seront condamnés à un emprisonnement dont la durée ne pourra être moindre d'un an et qui ne dépassera pas cinq ans.

Art. 5. Notre ministre, etc.

Si la matière ne demandait pas un long développement, s'il n'en surgissait pas des considérations de la plus haute importance, qui n'admettent aucun laconisme, et surtout, si je ne devais pas m'étendre sur ces considérations, dans l'ouvrage annoncé en tête de celui-ci, ce serait maintenant l'occasion de parler de ces malheureux qui, frappés par la justice, ont subi dans les bagnes ou dans les maisons de force, une peine qui a satisfait la vindicte publique et les a acquittés envers la justice. Un préjugé, en contradiction avec le Code, les repousse de la société où la loi leur permet de rentrer, et cependant l'homme le plus philantrope est soumis à l'empire de ce préjugé.

Combien de gens s'accordent sur l'injustice et l'inhumanité de cette seconde sentence prononcée par l'opinion! Que cette opinion semble inique, lorsqu'on pense que plusieurs des malheureux qu'elle repousse n'ont été qu'égarés, et que quelques-uns peut-être ont été victimes de l'erreur !

Cependant quelle amélioration a-t-on conçu, méditée et exécutée en leur faveur? aucune. Ce n'est pas la faute des amis de l'humanité, des hommes du progrès qui, depuis tant d'années, mettent sous les yeux de nos gouvernans l'établissement de l'Angleterre à Botany-Bay. Là, les condamnés sont soumis à un système pénitentiaire qui tend à les faire rentrer dans la bonne voie, et comme l'application de ce système prouve sans cesse le discernement des autorités locales, le but humanitaire est rarement manqué, tandis que les vices administratifs de nos prisons et de nos bagnes renvoient les détenus et les forçats plus grangrenés après l'expiration de leur peine, qu'à l'instant où ils ont commencé à la subir. Voilà ce qui justifie, jusqu'à certain point, notre antipathie contre les repris de justice rentrés dans la société. Mais dans cette hypothèse, ne conviendrait-il pas aux législateurs de remplir une lacune de nos lois pénales.

Si le Code renfermait cette disposition nouvelle, qu'après l'expiration d'une peine infamante, le libéré serait conduit dans une de nos colonies où il serait employé selon ses forces et son intelligence, et où il jouirait de tous ses droits civils, en tant qu'il ne romprait pas son ban, et que sa conduite serait irréprochable ; alors le libéré se créerait un bien-être, et il pourrait devenir agriculteur, propriétaire, planteur, enfin colon.

Cette mesure serait une amélioration positive , puisqu'elle donnerait un avenir à des hommes qui n'en ont plus dans un monde qui les repousse après leur sortie légale des bagnes et des prisons, et elle serait un correctif du système vicieux qui les régit pendant la durée de leur peine ; puisque , dans la colonie affectée aux repris de justice, ils auraient une perspective qui les ramènerait volontairement au bien : il en résulterait plus tard de grands avantages pour la métropole, non-seulement parce qu'elle serait purgée de la présence d'un grand nombre d'individus dont l'oisiveté forcée et les passions indomptables sont un principe de désordres et de calamités, mais encore par suite des relations d'industrie et de commerce, établies entre la France et cette colonie.

Néanmoins, je prévois toutes les difficultés de la mise à exécution d'un semblable projet ; mais je sais aussi qu'un gouvernement ferme et vraiment national surmonterait tous les obstacles ; car l'établissement d'une telle colonie ne sort pas du cercle des possibilités, ce que je tâcherai de prouver lorsque je toucherai cette corde, dans mon mon ouvrage sur la police générale.

VI.

Je reviens aux souteneurs de filles, aux marlous; et, pour compléter les détails que je dois
donner aux lecteurs sur leurs habitudes, leur caractère et leur profession de foi, je vais copier

quelques passages de la brochure qu'ils osèrent
publier en 1830, sous le titre de :

50,000 VOLEURS DE PLUS A PARIS,

ou

Réclamation des anciens marlous de la capitale,
contre l'ordonnance de M. le Préfet de police,
concernant les filles publiques,

Par le beau THÉODORE CANCAN.

Je tombe à vos genoux ;
Ah ! je vous en supplie, ayez pitié de nous.
HERNANI, acte V, scène IV.

Imprimerie de DAVID, boulevart Poissonnière, n° 4.

Après la lecture des passages suivans, quel est
l'honnête homme qui ne sera pas indigné de l'audace et du cynisme de ces scélérats, la honte et la
terreur de la société ?

50,000 VOLEURS DE PLUS A PARIS !

» Foi de malin, monsieur le Préfet, vous avez
» fait là de la bien belle besogne, et je crains que
» vous n'ayez bientôt à vous en repentir ; car
» vous venez de créer un fameux renfort aux vo-
» leurs, filoux, ficelles, escrocs, vagabonds, etc.,
» qui infestent la plus belle capitale du monde ;
» et, quand je dis cinquante mille voleurs de
» plus, je suis fièrement sûr d'être bien mo-
» deste.

» J'aurais dû commencer par vous expliquer
» ce que c'est qu'un *marlou,* car vous ne le savez
» peut-être pas ; mais dans le cas où on vous l'au-
» rait expliqué, il ne sera pas inutile de le dire
» ici comme observation de mœurs ; car, d'autres
» que vous, je l'espère, liront cette réclamation,
» et si M. de Jouy en avait été instruit, il en au-
» rait sans doute parlé dans son *Hermite de la*
» *Chaussée d'Antin*.

» Un marlou, monsieur le Préfet, c'est un
» beau jeune homme, fort, solide, sachant tirer

» la savatte, se mettant fort bien, dansant la *chahu*
» et le *cancan* avec élégance, aimable auprès des
» filles dévouées au culte de Vénus, les soutenant
» dans les dangers *éminens*, sachant les faire
» respecter, et les forcer à se conduire avec dé-
» cence, oui, avec décence et je le prouverai.
» Vous voyez donc qu'un marlou est un être mo-
» ral, utile à la société, et vous venez de les
» forcer à en devenir le fléau, en forçant nos
» particulières à limiter leur commerce dans l'in-
» térieur de leur maison.

» Quand ces dames pouvaient sortir librement,
» sourire au lourd Anglais, agacer le robuste
» Allemand, entraîner le basané Portugais, et
» attirer enfin l'Espagnol, l'Américain, etc., l'ar-
» gent abondait à la maison, et nous autres mar-
» lous, nous ne manquions de rien, et vos agens
» m'ont sans doute remarqué, cet hiver, avec
» mon superbe manteau à la *Quiroga* et mon
» chapeau gris. Mais, avec votre ordonnance,
» qu'allons-nous devenir ? Je n'en sais rien,
» car nous avions nos occupations. L'argent
» que nos dames nous donnaient pour nous

» éloigner de chez elles afin que nous ne pussions
» pas nuire à leurs petites affaires, nous le versions
» chaque soir selon nos goûts et nos habitudes.
» Charles allait chez Constant, à l'estaminet de
» la rue Favart, et lisait son journal ; car on peut
» être marlou et aimer les nouvelles. Auguste
» allait jouer à la poule en fumant son cigare ;
» Ernest faisait sa partie de piquet chez le mar-
» chand de vin du coin ; Adolphe allait, en *in-
» time*, au théâtre de Madame ; Gustave achetait
» un *lavabe* pour les Variétés.

« Vous ne savez peut-être pas ce que c'est
» qu'un *lavabe* et un *intime ?* hé bien, moi, tout
» marlou que je suis, je vais vous le dire, parce
» que M. le Préfet doit tout savoir.

« Il faut vous dire que quand messieurs les au-
» teurs modernes donnent une pièce au théâtre,
» ils n'attendent pas le jugement du public payant,
» mais remplissent le parterre de la manière sui-
» vante : ils donnent à Sauton... en voilà un ancien
» marlou, un malin du bal de la rue des Marais
» et du Vauxhall d'été !... ils donnent à M. Sau-
» ton, dis-je, cent où deux cents places ; lui qui

» est un fin matois, fait entrer une cinquantaine
» d'intimes, c'est-à-dire, sans payer, et qui sont
» là pour applaudir, pleurer, trépigner, etc., et
» une centaine de lavabes, c'est-à-dire que ceux-ci
» paient quinze sous par place. . . . .
» . . . .

» Alexandre, qui a le goût de la danse, ne
» manquait pas d'aller, les dimanches, lundis et
» et les jeudis, aux bals de Paris, et, les au-
» tres jours de la semaine, dans les bals *extrà*
» *muros*. N'allez pas penser que je sais le latin;
» non, vraiment, je n'ai fait aucune étude, et
» l'on peut le voir par mon style; mais nous avons,
» parmi nos confrères, *un jeune homme qui a fait*
» *son droit*, et qui m'a dit ce que ça voulait dire.
» . . . . , ...

» Paul, surnuméraire dans une administration,
» pourra-t-il exister et se mettre proprement, si
» vous coupez les vivres à celle qui le soutient? »
» Hippolyte, l'ex-sapeur-pompier, qui n'a ap-
» pris aucun état et que la nécessité a rendu mar-
» lou, en apprendra-t-il un à trente ans?
» Achille, Alcide, Alphonse, Émile, Camille,

» Eugène, Lucien, Philippe, Rodolphe, Théo-
» dore, et mille autres dont je pourrais vous citer
» les noms, pourront-ils, après avoir vécu dans
» une espèce de luxe, vivre dans la misère? non,
» sans doute. Privés du secours de ces dames,
» pourront-ils payer le traiteur, le tailleur, le
» bottier, le chapellier? A combien de corps de
» métier ne faites-vous pas supporter une perte
» considérable; je ne dirai pas *conséquente*, car
» j'ai lu dans le Figaro que c'était un cuir, et il
» s'est tant moqué d'un M. *Syrieys de Mayrinhac*,
» que je craindrais qu'on en fit autant de moi, et
» un marlou n'est pas aussi endurant qu'un dé-
» puté.

» Vous voyez donc bien, monsieur le Préfet,
» que tous mes confrères et moi allons être plongés
» dans la détresse par votre ordonnance, et que
» je n'exagère pas quand je dis que vous allez
» créer 50,000 voleurs de plus. Que voulez-vous
» que nous fassions pour vivre? voler!.... pour
» nous procurer des vêtemens? voler... pour sa-
» tisfaire même un besoin de nature? voler!.....
» Voilà donc une classe d'individus qui, depuis un

» temps immémorial, s'était fait remarquer par

» une belle tenue, par une conduite exemplaire,

» par les services qu'elle rendait à la société, ré-

» duite à la dure extrémité de *travailler sur le*

» *grand trimar* (voler sur le grand chemin), de

» *goupiner* (filouter) *de faire la bog et le blavin,*

» (voler la montre et le mouchoir), de *butter*

» (assassiner), même, s'il en était besoin. O

» grand Dieu!

» Nous ne sommes pas des ambitieux, nous.

» Nous ne voulons pas, comme les chevaliers du

» lustre, acheter des maisons; comme M. Jules

» Vidocq, acheter une superbe maison de cam-

» pagne, avoir un cabriolet, et faire parler de

» nous en publiant nos mémoires. Nous voulons

» seulement boire, jouer, fumer, lire, aller au

» spectacle, danser et nous promener, enfin vivre

» au jour le jour, et rendre heureuses celles

» qu'une malheureuse destinée a plongées dans la

» prostitution. Et comme nous ne voulons pas en-

» fin augmenter le nombre de ceux qui encombrent

» les prisons et les bagnes; de grâce, monsieur

» le Préfet, détruisez, par une nouvelle ordon-

» nance, l'effet de votre dernière, et vous rendrez
» aux honnêtes citoyens de Paris, la sécurité que
» vous leur avez fait perdre, en nous forçant de
» trouver ailleurs et autrement des moyens d'exis-
» tence. . . . .
» . . . . »

Je borne ici mes citations d'une brochure où l'aveu de l'infamie est complet, où la bassesse la plus dégoûtante se montre sans voile, et dans laquelle la menace remplit la péroraison.

Mais cette menace est un avertissement dont les dépositaires du pouvoir profiteront, sans doute, pour purger à jamais la société d'un fléau qu'elle ne peut souffrir plus long-temps sans abdiquer tout sentiment de sa dignité. Puissent les nombreuses pétitions des citoyens les plus honorables, harceler sans relâche les deux chambres ! Après avoir supprimé les loteries et les maisons de jeux, elles ne reculeront plus devant l'extinction des marlous.

VII.

Ordonnances et réglemens qui sont en vigueur contre la
prostitution et les attentats aux mœurs.

Je néglige les ordonnances qui se ressentent des
temps de barbarie, où elles ont été promulguées,
et je place, sous les yeux de mes lecteurs, les
seuls réglemens qui, bien que parfois en contra-

diction entr'eux , régissent encore aujourd'hui l'exercice de la prostitution, afin que l'on puisse juger de leur opportunité , et surtout les comparer avec le projet de réglement général rédigé par moi , réglement qui me semble embrasser toute l'administration de la police, et qui pourrait, après discussion, amendemens et modifications, servir de Code dans l'espèce.

J'ai tâché de le mettre en harmonie avec nos mœurs actuelles et avec les besoins nouveaux de la société. Le premier sillon est tracé ; c'est à ceux qui sont appelés à diriger cette partie importante de l'administration publique, qu'il appartient de continuer mon labeur et de le perfectionner, jusqu'au jour où les dépositaires du pouvoir voudront bien permettre, dans leur sagesse, que les populations en recueillent les fruits.

I. Attentats aux mœurs.

ARTICLE 1er. Quiconque commet un outrage public à la pudeur, est puni d'un emprisonnement de trois mois à un an, et d'une amende de 16 à 200 f. (*Code pénal,* art. 330.)

ART. 2. Quiconque a commis le crime de viol, ou tout autre attentat à la pudeur, consommé ou tenté avec violence contre des individus de l'un ou de l'autre sexe, est puni de la réclusion. (*Code pénal,* art. 331.)

Si le crime est commis sur un enfant au-dessous de quinze ans, le coupable est puni des travaux forcés à temps. (*Code pénal,* art. 332.)

La peine des travaux forcés à perpétuité, si les coupables sont de la classe de ceux qui ont autorité sur la personne envers laquelle l'attentat a été commis, s'ils sont ses instituteurs ou ses serviteurs à gages, ou s'ils sont fonctionnaires publics ou ministres d'un culte, ou si le coupable, quel qu'il soit, a été aidé dans son crime par une ou plusieurs personnes. (*Code pénal,* art. 333.)

ART. 3. Quiconque a attenté aux mœurs en excitant, favorisant, ou facilitant habituellement la débauche, ou au-dessous de l'âge de 21 ans, est puni d'un emprisonnement de six mois à deux ans, d'une amende de 50 à 500 fr.

Si la prostitution ou la corruption a été excitée, favorisée ou falicitée par leurs pères, mères, tuteurs ou tutrices, ou autres personnes chargées de leur surveillance, la peine est de deux à cinq ans d'emprisonnement, et l'amende de 300 à 1000 fr. (*Code pénal,* art. 234.)

ART. 4. Les coupables du délit mentionné en l'article précédent sont interdits de toute tutelle ou curatelle, et de toute participation aux conseils de famille, savoir : ceux compris au premier §, pendant deux à cinq ans, et ceux compris dans le second §, pendant dix à vingt ans.

Si le coupable est le père ou la mère, il est, de plus, privé des droits et avantages à lui accordés par le Code civil sur la personne et les biens de l'enfant.

Dans tous les cas, les coupables peuvent, en outre, être mis, par l'arrêt ou le jugement, sous la surveillance de la haute police, dans la proportion de temps ci-dessus indiquée par l'interdiction mentionnée au présent article. (*Code pénal,* art. 335.)

II. PROSTITUTION.

ART. 5. Défense à toutes femmes ou filles de débauche, de raccrocher sur la voie publique, dans les promenades, même par les fenêtres, à peine d'être rasées et renfermées. — *Ordonnance de police du 6 novembre 1778, art. 1*er. (Voir ci-après, n° 2.)

ART. 6. Défense aux propiétaires ou principaux locataires de leur louer ou sous-louer aucuns appartemens ni chambres, à peine de 500 francs d'amende. Ils sont tenus, s'il s'en introduit dans leurs maisons, d'en faire la déclaration dans les vingt-quatre heures, au commissaire de police du quartier, contre les individus qui les auraient trompés, pour les délinquans être punis de 400 fr. d'amende sur le rapport du commissaire. *(Même ordonnance, art. 2 et 5.)*

ART. 7. Défense aux logeurs en garni de donner à loyer aux dites femmes ou filles de débauche, à peine de 400 francs d'amende. *(Même ordonnance, art. 4.)*

Art. 8. Défense à tous marchands et autres de leur louer ou prêter des hardes, vêtemens ou ajustemens pour se parer, à peine de 300 francs d'amende et de confiscation desdits objets dont elles se trouveraient saisies. (*Ordonnance de police* du 8 novembre 1780, art. 1.)

Art. 9. Défense aux cabaretiers et autres marchands de boisson, de recevoir chez eux des femmes de débauche, à peine de 100 francs d'amende. (*Autre ordonnance* du même jour, art. 14; *autre ordonnance* du 21 mai 1784, art. 7) Voir *Cabinets noirs*.

Art. 10. Les femmes et les filles qui raccrochent dans les rues sont arrêtées par les patrouilles et conduites chez le commissaire le plus voisin qui les envoie en prison, sur le rapport de ceux qui les ont arrêtées. Le magistrat de police les fait renfermer pendant un certain temps, sans préjudice des poursuites devant les tribunaux, en cas de vol ou autre délit.

Nota : Les dispositions du § premier ci-dessus, peuvent, suivant les cas, s'appliquer aux femmes publiques.

Art. 11. Les commissaires de police, font des rondes dans les quartiers les plus habituellement fréquentés par les filles publiques. Ils font arrêter celles trouvées raccrochant, et les font conduire à la police.

Celles arrêtées chez elles, en vertu de mandats décernés par le préfet de police, sont envoyées directement à la prison de la Petite-Force. (*Décision du Préfet de police* du 12 floréal, an 9. 3 mai 1801.)

Art. 12. S'il arrive du tapage ou des querelles dans les lieux de prostitution, le commissaire de police du quartier, qui en est prévenu, fait arrêter les femmes et les envoie en prison; si les hommes qui s'y trouvent ne donnent pas de bons répondans, ils sont également arrêtés et envoyés devant le Préfet de police.

Art. 13. Les officiers de police peuvent entrer en tout temps dans les maisons de débauche. (*Loi* du 22 juillet, 1791. tit. 12, art. 10.)

CABINETS NOIRS.

Les officiers de police doivent veiller à ce que les marchands de vins en détail, et les rogomistes n'aient point, dans l'intérieur de leurs établisse-mens, des cabinets noirs destinés à favoriser la prostitution. S'ils en découvrent, ils doivent saisir le moment où les cabinets seraient occupés par des personnes de mauvaise vie, les arrêter si elles sont suspectes ou coupables, sous le rapport des mœurs ou sous tout autre rapport et les faire conduire, avec le procès-verbal, à la Préfecture de police, pour y être déposés à la chambre de dépôt, et retenus, s'il y a lieu, sous la main de la justice, en état de mandat d'amener, conformément à l'article 45 du Code d'instruction criminelle. (*Circulaire du directeur-général de la police,* du 11 février 1815, *Instruction du Préfet de police,* du 1er août 1819.

IV. Ordonnance de police du 6 novembre 1778, concernant les femmes de débauche.

Sur ce qui nous a été remontré par le procureur du roi, qu'après avoir porté une attention toute particulière sur ce qui peut intéresser la sûreté des citoyens, et renouveler les réglemens principaux dont l'exécution tend à la maintenir, il lui paraît également nécessaire de rappeler la rigueur des ordonnances contre les filles et femmes de débauche, dont les excès et le scandale sont aussi préjudiciables à la tranquillité publique qu'aux bonnes mœurs ; que le libertinage est aujourd'hui porté à un tel point que les filles et femmes publiques, au lieu de cacher leur infâme commerce, ont la hardiesse de se montrer en plein jour à leurs fenêtres, d'où elles font des signes aux passans pour les attirer, de se tenir le soir sur leurs portes, et même de courir les rues, où elles arrêtent les personnes de tout âge et de tous états ; qu'un pareil désordre ne peut-être réprimé que par la sévérité des peines prescrites par les lois, et capables d'en imposer, tant aux filles et femmes de débauche qu'à ceux qui les soutiennent et favorisent, pourquoi il requiert y être par nous pourvu.

Nous, faisant droit sur le réquisitoire du procureur du roi, ordonnons que les ordonnances, arrêtés et réglemens concernant les filles et femmes de débauche, seront exécutés suivant leur forme et teneur ; et en conséquence :

Art. 1er. Faisons très-expresses inhibitions et défense à toutes femmes et filles de débauche de raccrocher dans les rues, quais, places, promenades publiques et sur les boulevarts de cette ville de Paris, même par les fenêtres ; le tout sous peine d'être rasées et enfermées à l'hôpital ; même en cas de récidive des punitions corporelles, conformément auxdits ordonnances, arrêtés et réglemens.

Art. 2. Défendons à tous propriétaires et principaux locataires des maisons de cette ville et faubourgs d'y louer, ou sous-louer les maisons dont ils sont propriétaires et locataires qu'à des personnes de bonnes vie et mœurs et bien famées, et de souffrir en icelles aucun lieu de débauche, à peine de 500 livres d'amende.

ART. 3. Enjoignons auxdits propriétaires et locataires des maisons, où il aura été introduit des femmes ou filles de débauche, de faire, dans les vingt-quatre heures, leur déclaration devant le commissaire de leur quartier, contre les particuliers et particulières qui les auront surpris, à l'effet, par les commissaires de police, de faire leur rapport contre les délinquans qui seront condamnés à 400 livres d'amende, et même poursuivis extraordinairement, et leurs dites déclarations continueront d'être reçues, par les commissaires, gratuitement et sans frais, comme pour frais de police, ainsi qu'il en a été usé par le passé.

ART. 4. Défendons à toutes personnes, de quelque état et condition qu'elles soient, de sous-louer au jour, à la huitaine, à la quinzaine, au mois ou autrement, des chambres et lieux garnis à des femmes ou filles de débauche, ni de s'entremettre directement ou indirectement aux dites locations, sous la même peine de 400 livres d'amende.

ART. 5. Enjoignons à toutes personnes tenant

hôtels, maisons et chambres au mois, à la quinzaine, à la huitaine, à la journée, etc., d'écrire, de suite, jour par jour, et sans aucun blanc, les personnes logées chez elles, par noms, surnoms, qualités, pays de naissance, âges et lieux de domicile ordinaire, sur les registres de police qui doivent, à cet effet, être cotés et paraphés par les commissaires des quartiers, et de ne souffrir dans leurs hôtels, maisons et chambres, aucunes gens sans aveu, femmes ni filles de débauche, se livrant à la prostitution; de mettre les hommes et les femmes dans des chambres séparées, et de ne souffrir dans des chambres particulières des hommes et des femmes prétendus mariés, qu'en représentant par eux des actes en forme de leur mariage, ou s'en faisant certifier par écrit par des gens notables et dignes de foi, le tout à peine de 200 livres d'amende.

Art. 6. Mandons aux commissaires au Châtelet, et enjoignons aux inspecteurs et officiers du Guet de la garde, et à tous autres qu'il appartiendra, de tenir la main à l'exécution de la présente ordonnance qui sera imprimée, lue, publiée et affichée dans cette ville et faubourgs de Paris et partout ailleurs où besoin sera.

Ce fut fait et ordonné, par nous, Jean-Charles, Pierre Lenoir, chevalier conseiller d'État, lieutenant-général de police de la ville, prévôté et vicomté de Paris, le 6 novembre, 1778.

Signé, LENOIR.

et MORISSET, *greffier*.

V. ORDONNANCE DE POLICE CONCERNANT LA SURETÉ PUBLIQUE.

Sur ce qui nous a été rémontré par le procureur du roi, que les ordonnances et réglemens de police concernant la sureté publique, ne sauraient être remis trop souvent sous les yeux des habitans de cette capitale, afin que, par leur exactitude à s'y conformer, surtout aux approches de l'hiver, ils pussent concourir à prévenir les crimes et délits plus communs en cette saison, pourquoi requiert y être par nous pourvu :

Nous, etc.

ART. 14. Faisons défense à tous cabaretiers, taverniers, limonadiers, vinaigriers, vendeurs de bierre, d'eau-de-vie et de liqueurs au détail, d'avoir leurs boutiques ouvertes, ni de recevoir aucunes personnes chez eux , d'y donner à boire passé dix heures du soir, et avant cinq heures du matin, depuis le premier novembre jusqu'au premier mars, et depuis le premier mars jusqu'au premier novembre après onze heures du soir et avant quatre heures du matin.

Leurs défendons pareillement de recevoir chez eux aucunes femmes de débauche, vagabonds, mendians, gens sans aveu et filoux, le tout à peine de cent livres d'amende.

ART. 15. Enjoignons, etc. Fait à Paris, le 8 novembre 1780.

Signé : LENOIR, MOREAU,
MENARD, greffier.

VI. ORGANISATION DU DISPENSAIRE. — PRÉFECTURE DE POLICE. — BUREAU SPÉCIAL DU PERSONNEL.

Paris, le 22 décembre 1828.

Nous, Préfet de police,

Vu notre arrêté du 16 de ce mois, portant

suppression de la taxe établie pour frais de visite du dispensaire ;

Arrêtons ce qui suit :

Art. 1. A compter du 1er janvier prochain, l'attribution du dispensaire sera divisée en *service médical, bureau adminitratif* et *service actif*.

Art. 2. Le service médical sera composé ainsi qu'il suit :

Un médecin en chef,

Un médecin en chef adjoint ,

Huit médecins ,

Deux médecins adjoints ,

Un premier garçon de service,

Un deuxième garçon de service.

Art. 3. Le bureau administratif sera composé comme il suit :

Un sous-chef,

Un rédacteur,

Un commis d'ordre,

Un premier commis,

Un deuxième commis,

Un premier expéditionnaire ,

Un deuxième expéditionnaire ,

Un garçon de bureau.

Art. 4. Le service actif sera composé ainsi qu'il suit :

1° Service actif du dispensaire, placé sous la direction du bureau d'attribution ;

Un commissaire de police de deuxième classe ou officier de paix,

Un brigadier inspecteur,

Neuf inspecteurs.

2° Service de répression, placé sous la direction du chef de la police municipale ;

Un commissaire de police de deuxième classe ou officier de paix,

Un brigadier inspecteur,

Six inspecteurs.

Art. 5. Les dépenses du matériel du dispensaire sont réglées comme suit : etc.

Signé Debelleyme, *Préfet de police ;*

Loquet de Blossac, *secrétaire-général.*

VII. Provocation sur la voie publique.

Paris, le 14 avril 1830.

Nous, Conseiller d'Etat, Préfet de police,

Considérant que s'il n'est pas possible d'extirper la prostitution, il est indispensable d'en régler l'exercice de manière à ce qu'elle cesse d'offenser la pudeur publique, d'exciter les hommes à la débauche, et de les exposer à être dépouillés et maltraités.

Avons arrêté ce qui suit :

ART. 1. Il est expressément défendu aux filles publiques de se présenter sur la voie publique pour y exciter directement ou indirectement à la débauche.

Il leur est également interdit de paraître dans aucun temps et sous aucun prétexte, dans les passages, dans les jardins publics et sur les boulevarts.

ART. 2. Les filles publiques ne pourront se livrer à la prostitution que dans les maisons de tolérance.

ART. 3. Les filles isolées, c'est-à-dire celles qui n'habitent pas dans les maisons de tolérance, ne pourront se rendre dans ces maisons qu'après l'allumage des réverbères. Elles devront s'y rendre directement, être vêtues simplement, avec décence , et s'abstenir de tout stationnement , de toute promenade et de toute provocation.

ART. 4. Elles ne pourront, dans une même soirée, quitter une maison de tolérance pour se rendre dans une autre.

ART. 5. Les filles isolées devront avoir quitté les maisons de tolérance , et être rentrées chez elles à onze heures du soir.

ART. 6. Les filles qui se présenteront sur la voie publique, de manière à se faire reconnaître, ou qui paraîtront dans les lieux qui leur sont interdits, seront immédiatement arrêtées.

Il en sera de même des filles qui, se rendant, après l'allumage des réverbères, dans les maisons de tolérance , auront dévié du chemin qui y conduit directement; de celles qui, dans la même soirée , passeront d'une maison de tolérance dans une autre, et de celles qui seront trouvées sur la voie publique avant l'allumage des réverbères , ou après onze heures du soir.

ART. 7. Les maisons de tolérance pourront être indiquées par une lanterne, et , dans les premiers temps, par une femme âgée qui se tiendra sur la porte.

Art. 8. Les maîtresses de maisons pourront, selon les circonstances et les localités, être autorisées à tenir un café, ou un estaminet.

Art. 9. Le secrétaire-général, les chefs de la deuxième division et de la police municipale sont chargés de l'exécution du présent arrêté.

Le Conseiller d'Etat, Préfet de police,

Signé MANGIN.

VIII. CRÉATION DE LA BRIGADE D'ORDRE.

Paris, le 20 avril 1830.

Nous, Conseiller d'État, Préfet de police,

Vu notre arrêté du 14 de ce mois, qui apporte à l'exercice de la prostitution des restrictions fondées sur des motifs d'ordre, de morale et de sûreté publique,

Considérant que, pour assurer d'une manière aussi complète que possible l'exécution de cet arrêté, il est indispensable de multiplier les moyens de surveillance et d'en centraliser la direction;

arrêtons ce qui suit :

Art. 1. Un commissaire de police sera spécialement chargé, sous la direction du chef de la
deuxième division de notre préfecture, du service
repressif de la prostitution publique, tant sous le
rapport sanitaire que sous celui du bon ordre et des
mœurs.

Art. 2. Les deux brigades actuellement affec-
tées, l'une au service de santé, l'autre à la police
d'ordre, seront dirigées par ce fonctionnaire.

Art. 3. Par suite de cette nouvelle organisation,
la brigade chargée de la police d'ordre est déta-
chée de la police municipale, et placée dans la
deuxième division qui réunit déjà toutes les autres
parties de ce service.

Art. 4. Cette brigade sera composée d'un officier de paix, et de douze inspecteurs de police.

Art. 5. Il n'est rien changé à l'organisation de
la brigade de santé.

Art. 6. Le commissaire de police se concertera
sur toutes les mesures à prendre avec le chef du
bureau administratif de l'attribution, et en ré-

férera, lorsqu'il sera nécessaire, au chef de la deuxième division auquel il rendra compte de ses opérations journalières.

Art. 7. Le commissaire de police assistera aux séances de la commission spéciale chargée de l'examen des questions relatives à la prostitution publique.

Art. 8. Sont maintenues celles des dispositions des arrêtés de notre prédécesseur, des 18 et 30 septembre et du 22 décembre 1828, auxquelles il n'est pas dérogé par le présent, dont le secrétaire général de la préfecture et les chefs de la deuxième division et de la police municipale sont chargés d'assurer l'exécution.

Le Conseiller d'État, Préfet de Police.

Signé Mangin.

IX. PRIMES ACCORDÉES AUX INSPECTEURS.

Paris, le 27 avril 1830.

Nous, Conseiller d'État, Préfet de police,

Vu la délibération du 18 mars dernier, de la

commission spéciale pour la repression de la prostitution,

Arrêtons ce qui suit :

ART. 1. A dater du 1er mai prochain, il sera accordé une prime de trois francs à tout inspecteur
de la brigade du dispensaire, pour la découverte
d'une fille âgée de moins de vingt-et-un ans, lorsqu'il aura été suffisamment établi qu'elle se livre
habituellement à la débauche, et lors même que
l'enregistrement n'aura pas eu lieu.

ART. 2. Le secrétaire-général et les chefs de la
deuxième division et de la comptabilité, etc.

Signé MANGIN.

Paris, le 21 juin 1830.

Nous, Conseiller d'Etat, Préfet de police,
Vu notre arrêté du 14 avril dernier, qui dispose
que les filless publique ne pourront se livrer à
la prostitution que dans les maisons de tolérance ; considérant qu'il importe d'encourager la
recherche des maisons clandestines de débauche,

Arrêtons ce qui suit :

ART. 1er. Une prime de quinze francs sera accordée à tout inspecteur de police qui fera connaître un lieu clandestin de débauche, lorsque cet avis aura été reconnu exact et le fait constaté.

ART. 2. Une prime de vingt-cinq francs sera accordée sous les mêmes restrictions à celui qui découvrirait un lieu où l'on favorise plus particulièrement la débauche des mineurs.

ART. 3. Le secrétaire-général, et les chefs de la seconde division et de la comptabilité sont chargés de l'exécution du présent arrêté.

Le Conseiller d'État, Préfet de police,

Signé MANGIN.

X. RESPONSABILITÉ DES MAÎTRESSES DE MAISONS DE TOLÉRANCE.

Paris, le 7 septembre 1830.

Nous, Conseiller d'État, Préfet de police,

Considérant qu'il est urgent de réprimer les désordres graves causés sur la voie publique par les prostituées.

Arrêtons ce qui suit :

ART. 1er. Il est défendu aux filles publiques de paraître sur la voie publique, de manière à s'y faire remarquer, avant l'allumage des réverbères, et d'y rester après onze heures du soir.

Leur mise devra être décente.

ART. 2. Défense expresse leur est faite de provoquer à la débauche.

ART. 3. Elles ne pourront stationner à leur porte, ni se mettre à leurs fenêtres, à quelque heure et sous quelque prétexte que ce soit.

ART. 4. Il leur est défendu de stationner sur la voie publique, d'y former des groupes, d'y circuler en réunion ou d'aller et venir dans un espace trop resserré.

ART. 5. Les jardins et abords du Palais-Royal, des Tuileries, du Luxembourg et du jardin du roi leur sont interdits.

ART. 6. Il leur est également défendu de fréquenter les rues et lieux déserts et obscurs, ainsi que les cabarets et autres établissemens publics ou maisons particulières où l'on favoriserait clandestinement la prostitution.

Art. 7. Les filles publiques s'abstiendront, lorsqu'elles seront dans leurs domiciles, de tout ce qui pourrait donner lieu aux plaintes des voisins et des passans.

Art. 8. Celles qui contreviendront aux dispositions qui précèdent seront arrêtées et sévèrement punies.

Art. 9. Toute maîtresse de maison sera responsable des infractions au présent règlement, qu'elle aurait pu empêcher.

Art. 10. Le secrétaire-général et les chefs de la 2ᵉ division et de la police municipale sont chargés de l'exécution du présent.

Le Conseiller d'État, Préfet de police,

Signé A. GIROD (de i'Ain).

VIII.

Projet de réglement général, concernant l'exercice de la prostitution dans la ville de Paris, et commentaires de ce projet,

Nous préfet de police, etc., etc. Considérant, etc., etc.

Art. 1. Il est expressément défendu aux filles publiques, de se présenter sur les

voies et lieux publics pour y exciter directement ou indirectement à la débauche.

Par voies et lieux publics on doit entendre tous
les endroits où le public est admis librement. En
conséquence, le jardin des Tuileries, le jardin et
les galeries du Palais-Royal, les passages, etc.,
étant des lieux publics, sont interdits de droit
aux prostituées.

ART. 2. Les filles publiques ne pourront
se livrer à la prostitution que dans les maisons de tolérance ou dans leur domicile
personnel.

Le but de ce réglement étant de faire disparaître la provocation à la débauche de la voie publique, et la prostitution des lieux où l'action de
la police ne peut-être assez certaine, ni assez
active, on a dû restreindre l'exercice de la prostitution aux maisons de tolérance et aux domiciles
personnels des filles publiques qui, sachant et se
tenant pour averties que tous les autres endroits
leur sont interdits, ne pourront rien alléguer pour

leur justification, si elles sont surprises en flagrant délit de contravention au présent article.

ART. 3. Les cabinets noirs chez les rogomistes, cabaretiers, maîtres d'estaminets, marchands de vins et autres boissons leur sont interdits.

Cet article est la conséquence du précédent et la prohibition qu'il formule est d'autant plus urgente, que c'est ordinairement dans tous ces endroits désignés que s'exerce la prostitution clandestine. Aussi y a-t-il bonne justice dans la condamnation, à une forte amende, de tous ces marchands de boissons et de liqueurs, qui admettent chez eux, dans des cabinets particuliers, des filles publiques avec des hommes.

ART. 4. Il est également défendu aux filles publiques de conduire des hommes et de se livrer à la prostitution avec eux chez des logeurs à la nuit et autres, à moins que d'y être logées en garni au mois ou à l'année et d'être inscrites comme telles, sur le registre de la maison.

Les articles 2 et 3 du réglement seraient frappés de nullité s'il était permis à une fille publique ou autre de conduire des hommes et de se prostituer avec eux chez des logeurs à la nuit, où elles n'auraient pas un domicile constaté selon les ordonnances. Ces espèces d'hôtels deviendraient alors des maisons de passe.

L'administration ne pourrait supporter un pareil scandale. C'est pousser même bien loin la longanimité que de considérer, comme étant dans ses meubles, la fille publique portée sur le registre d'un logeur ou d'un maître d'hôtel garni, comme locataire au mois ou à l'année, et si je ne repousse pas cette tolérance, c'est parce que les maîtres d'hôtels et les logeurs seraient dans l'obligation d'inscrire sur leur livre les noms et professions des hommes qui viendraient passer la nuit chez ces filles, sous peine d'une forte amende, et que ces inscriptions pourraient conduire à la découverte d'individus recherchés par la police.

Quant à l'accueil à faire à de semblables hôtes, il n'y a rien d'obligatoire pour le logeur qui peut toujours les recevoir ou leur fermer sa porte.

Mais plus l'administration se montre tolérante, plus les contraventions à l'esprit de l'article 4 doivent être rigoureusement punies.

Art. 5. Les filles publiques isolées, c'est-à-dire celles qui n'habitent pas dans les maisons de tolérance; ne pourront s'y rendre que vêtues simplement, et avec décence, en s'abstenant de tout stationnement, de toute promenade, et de toutes provocations de quelque nature qu'elles puissent-être.

Cet article est d'une clarté si positive qu'il n'a besoin d'aucun développement. En effet, qui ne comprendrait pas que s'il était permis à une fille publique de se transporter dans une maison de tolérance, en costume indécent, et si elle pouvait provoquer les passans à la débauche, sur son chemin, l'article 1er du réglement, serait réduit au néant.

Art. 6. Elles ne pourront, dans une même soirée, quitter une maison de tolérance pour se rendre dans une autre.

S'il en était autrement, les allées et venues continuelles feraient immanquablement remarquer les prostituées sur la voie publique, et il ne serait plus possible de pratiquer une inspection complète dans chaque maison de tolérance. Cet article 6 est une digue opposée à de grands désordres.

Art. 7. Les filles publiques isolées devront avoir quitté les maisons de tolérance, et être rentrées chez elle à minuit très-précis.

La sûreté des citoyens exige impérieusement cette mesure à une heure où la vigilance de l'autorité ne doit plus être distraite du but qu'elle se propose, d'atteindre les malfaiteurs, et d'empêcher l'exécution de leurs criminels projets.

Art. 8. Les prostituées qui se présenteront sur la voie publique de manière à se faire reconnaître, comme encore dans les lieux qui leur sont interdits, seront immédiatement arrêtées, ainsi que celles qui contreviendront aux dispositions de l'article 1er ci-dessus.

Cet article est la conséquence rationellement re-pressive des précédens. La condition de vitalité d'une loi est dans la peine qu'elle prononce contre ceux qui la violent.

ART. 9. La maison de tolérance pourra être indiquée par une femme âgée qui se tiendra constamment sur le seuil de la porte et toujours seule.

Il lui est défendu de le dépasser et de s'avancer sur la voie publique pour appeler ou arrêter les passans.

Elle ne pourra jamais être assistée ni remplacéepar une jeune fille étrangère ou attachée à la maison.

Son âge ne pourra être au-dessous de 40 ans.

On voit que cette mesure a d'abord l'avantage de ne pas confondre une maison honnête avec une maison de prostitution, par la présence de la femme âgée qui servirait, en quelque sorte, d'enseigne au mauvais lieu.

Le second paragraphe défend à cette femme de

dépasser le seuil de la porte, parce qu'il arrive souvent qu'elle pousse l'audace jusqu'à aller à la rencontre des passans. J'ai vu, de mes propres yeux, ces *marcheuses* prendre des hommes par le bras, par les habits, et les forcer, pour ainsi dire, à entrer dans leurs maisons. Certes, ce sont là des actes de provocation à la débauche publique qu'il est nécessaire de réprimer, et c'est le but de l'article 6.

En exigeant que la *marcheuse* soit âgée au moins de 40 ans, je veux éloigner le scandale des scènes ordurières qui deviendrait inévitable, dans la rue, entre des femmes plus jeunes et des libertins.

C'est avec la même intention que je défends le remplacement des *marcheuses* par des jeunes filles attachées à la maison ou par des étrangères, au dessous de 40 ans.

Art. 10. Dans aucun temps, ni pour quelque motif que ce puisse être, les maîtresses de maisons de tolérance ne pourront être autorisées à tenir une table d'hôte, un café, un estaminet ou tout autre établissement analogue.

Celles qui voudraient exercer un état tel que ceux de modistes ou de lingères, enfin tout autre métier de couture, ne pourront le faire que dans l'intérieur des maisóns, mais jamais en magasins ni en boutiques.

Qui ne voit pas les suites immorales d'une permission accordée à une maîtresse de maison de débauche pour tenir une table d'hôte, un café ou un estaminet? N'est-ce pas un nouveau moyen d'attirer chez elle des hommes qui n'y seraient pas d'abord conduits par le libertinage, mais qui, après le repas, et la tête échauffée par les spiritueux, cèdent à des provocations dont les *demoiselles* de la maison ne sont point avares dans ces espèces de réunions?

Une telle concession tendrait à développer la débauche, et conséquemment à accroître d'autant les accidens funestes qui en résultent; ce serait de plus, une contradiction flagrante avec la circulaire du Directeur général de la police, au 11 février

1815, avec l'instruction du Préfet de police, du 1er août 1819, et enfin avec le dispositif qui se trouve en tête de l'arrêté du Préfet de police, du 14 avril 1830. Aussi ne puis-je comprendre la tolérance dont on abrite encore de tels établissemens.

Je défends aussi l'ouverture des magasins et des boutiques dans lesquels des filles publiques s'installent comme modistes, lingères, marchandes de parfumeries, etc.

Les femmes qui occupent ces magasins ou boutiques en tiennent les portes ou les fenêtres ouvertes, pour faire des signes aux passans ou les appeler, ce qui caractérise une provocation manifeste. Il en est d'autres plus adroites, qui ferment leurs portes et leurs fenêtres; mais elles font des signes à travers les carreaux dépourvus de rideaux, ou ces rideaux laissant entre eux un intervalle qui permet une communication facile entre l'intérieur et le dehors. Quelques-unes frappent contre la devanture de la boutique, chaque fois qu'un homme passe, ce qui le fait retourner du côté d'où part le bruit, et alors les signes se succèdent d'une manière d'autant plus scandaleuse qu'ils ne peuvent échapper à personne, toutes ces boutiques se trouvant dans des passages.

De tels établissemens ne peuvent être tolérés sans annihiler, en quelque sorte, l'article premier du réglement.

Art. 11. Le nombre dés maisons de tolérance, dans Paris, est illimité.

Je ne reviendrai pas sur les avantages de cette disposition réglementaire que j'ai fait ressortir dans cet ouvrage; ils sont trop patens et d'une importance trop grande pour craindre que les lecteurs en aient perdus le souvenir.

La puissance de cette seule mesure détruirait de fond en comble la prostitution clandestine, en décuplant l'action de la police, et en lui donnant les moyens légaux de la surveillance la plus étendue et la plus active.

Art. 12. Dans la banlieue, le maire de chaque commune en déterminera le nombre selon les exigences de la localité

Les propositions de cette nature, nous

seront toujours faites par les maires, les commissaires de police de la banlieue, et, dans Paris, par le chef de division de l'attribution des mœurs.

Cette division spéciale, que nous créons, sera distincte des autres attributions de notre Préfecture.

Le chef de cette division travaillera directement avec nous.

La direction des employés et des médecins de cette attribution lui appartient, ainsi que celle de tous les travaux qui s'y rattachent.

Il sera nommé commissaire de police de la ville de Paris spécialement chargé de l'attribution des mœurs.

Cette qualité lui est indispensable pour légaliser les divers actes que ce chef de division pourrait être appelé à faire.

Il est évident que le nombre des maisons de tolérance à établir dans chaque commune de la banlieue de Paris doit être fixé par le maire, ou par le commissaire de police, s'il y en a un; ils sont seuls à même d'apprécier jusques à quel point l'existence de plusieurs maisons de ce genre serait utile ou nuisible à la population de la commune qu'ils administrent. D'ailleurs, tout, dans cette partie de l'administration, doit être combiné et en rapport avec les moyens de surveillance qui sont entre les mains des maires et des commissaires de police.

Voilà pourquoi j'exigerais que les demandes de tolérance fussent adressées au Préfet de police, par l'intermédiaire des autorités locales...

Les demandes d'ouvertures de maisons de débauche dans Paris, sont envoyées au chef de division de l'attribution, qui, après les avoir examinées, et avoir fait explorer les lieux pour s'assurer de leur convenance, adresse au Préfet son rapport négatif ou affirmatif, d'après lequel la permission est refusée ou accordée.

L'importance de l'attribution des mœurs n'est pas douteuse; ses rouages sont des plus compliqués, et la gravité de son institution réclame comment une sévère surveillance. Il est donc urgent de former une **division** spéciale, dont le chef, travaillant **directement** avec le Préfet de police , puisse donner l'impulsion immédiate à la machine dont les **ressorts** se multiplient à l'infini.

Il est indispensable que ce chef de division, à part, soit fonctionnaire public, et, en même temps, auxiliaire du Procureur du roi , c'est-à-dire commissaire de police ; car **il** peut s'offrir mille circonstances où cette qualité lui soit nécessaire pour légaliser des **actes tels que** la constatation d'une maison clandestine de prostitution , l'arrestation et l'interrogatoire des coupables, l'exécution de mandats d'amener , de perquisitions , etc., etc.

Art. 13. Toute femme ou fille majeure étant dans ses meubles , occupant un local convenable, **au moins deux** chambres, autorisée de son mari si elle est mariée, ainsi que du propriétaire et du principal locataire de la maison qu'elle habite, laquelle autorisation sera écrite et non verbale, sera habile à devenir maîtresse de maison, et à obtenir un livret de tolérance.

L'exigence que la fille ou femme, qui voudrait se mettre à la tête d'une maison de tolérance, soit majeure, est une preuve de sollicitude et de prévoyance dans l'intérêt de l'ordre public et dans celui de la maîtresse de maison elle-même.

Dans l'intérêt de la maîtresse de maison, parce qu'avant sa majorité, une femme n'a pas assez d'expérience pour savoir conduire une entreprise de cette nature, et sa ruine immédiate serait la conséquence d'un établissement irréfléchi.

Dans l'intérêt de l'ordre public, parce qu'avant vingt-et-un ans, une femme n'aurait rien d'imposant pour les filles, ni pour les libertins qui les recherchent, de là, des scènes de trouble, de désordre, la tranquillité de la maison compromise, et souvent l'alarme répandue dans le voisinage : c'est ce que l'administration doit prévoir et empêcher.

Lorsque je demande que le local ait au moins deux chambres distinctes, j'appelle un reste de pudeur jusque dans le réceptacle de la dépravation, en éloignant des personnes tierces le tableau dégoûtant de la débauche.

Quand je désire que la femme mariée soit contrainte à joindre l'autorisation écrite de **son mari** à sa requête, tendant à ouvrir une maison de tolérance, j'évite que plus tard, le mari, prétendant ignorer l'ignominie de sa femme, ne vienne accuser l'administration de lui avoir accordé une permission qu'elle aurait dû lui refuser. Ainsi le mari partagera volontairement et avec connaissance de cause, l'infamie de sa femme, infamie qui doit rejaillir sur sa tête : c'est de toute justice.

En exigeant encore que le propriétaire et le principal locataire, s'il y en a un, donnent également, en pareil cas, leur consentement par écrit, c'est afin qu'ils ne prétendent pas ignorer la destination donnée ou à donner à la maison. Cette considération est tout à leur avantage si un établissement semblable ne leur convient pas, et elle est de même tout à l'avantage de la maîtresse de maison qui, sans cette précaution, pourrait être incessamment persécutée ou mise à contribution par le propriétaire et par le principal locataire dans l'hypothèse où elle aurait des raisons d'intérêt pour ne pas recevoir de congé.

Art. 14. Hors les établissemens publics, les maisons d'éducation des deux sexes, les lieux destinés à un culte quelconque, toute autre localité peut servir à une maison dite de tolérance, lorsqu'elle remplira, du reste, les conditions exigées pour ces sortes d'établissemens.

Dès qu'on ne limite plus le nombre des maisons de tolérance, il est évident qu'on doit se relâcher sur le rigorisme quelquefois exagéré, relatif à la position topographique des maisons, à leurs habitans, à leurs voisinages, etc. Ce sont des exigences aristocratiques d'un arbitraire d'autant moins admissibles que pour purger, des maisons de débauche, le voisinage de M. le duc, de M. le marquis, de M. l'ambassadeur, de madame la maréchale, de madame la comtesse, de telle ou telle autre habitation écussonnée, quand la police aurait pu avoir l'œil constamment ouvert sur ces mauvais lieux, établis à la convenance des demanderesses, subordonnée aux réglemens nouveaux, il a fallu, en vertu des ordonnances maintenant en vigueur, subir les conséquences inévitables de l'organisation occulte de plusieurs maisons vouées à la prostitution clandestine, et refouler les maisons de tolérance auprès d'autres établissemens, d'autres habitations dont les maîtres, pour n'être pas titrés, n'ont pas moins le droit de les repousser de leur voisinage avec d'aussi bonnes raisons que les hommes de cour et les amis des ministres. Eh bien, on satisfait les uns, et l'on n'écoute pas les autres. Voilà, de nos jours, ce qu'on appelle de la justice distributive!

On exige principalement qu'une maison de tolérance n'ait pas plusieurs issues, par lesquelles les délinquans puissent échapper à la vigilance de la police. Point de capitulation là-dessus. Si l'appartement occupé par une maîtresse de maison de tolérance a plusieurs portes sur le carré, ou si une des chambres communique à un autre carré sur un second escalier, il ne faut permettre que l'ouverture d'une seule porte qui sert d'entrée et de sortie, et faire condamner et sceller les autres, de manière qu'elles ne puissent plus être ouvertes sans laisser de traces qui constatent la contravention. Cette mesure essentielle est un obstacle à de grands désordres, et une garantie de la tranquillité publique, ainsi que de la sécurité des citoyens.

ART. 15. Toutes les fenêtres des maisons de tolérance seront garnies de volets ou de jalousies.

Les carreaux des croisées seront tous dépolis.

Lorsque les fenêtres seront ouvertes, le temps strictement nécessaire au renouvellement de l'air, les jalousies seront constamment baissées, et les rideaux seront tirés. Ces rideaux seront d'une étoffe forte et d'une couleur foncée.

Chaque fille sera couchée séparément dans un lit.

Il est défendu de coucher plusieurs femmes ensemble.

Le but de ces restrictions est d'empêcher que les voisins soient incommodés et scandalisés par les scènes licencieuses qui se passent communément dans les mauvais lieux.

L'administration doit-être sévère à cet égard, d'abord dans l'intérêt des mœurs, ensuite pour n'être point assaillie par les réclamations des personnes dont la demeure avoisine les maisons de tolérance.

Le motif de l'isolement de chaque prostituée, pendant la nuit, n'a pas besoin d'explication. D'ailleurs, je renvoie le lecteur aux alliances monstrueuses dont j'ai déjà eu occasion de parler plusieurs fois ; il me répugne d'entrer dans de plus longs détails à ce sujet : le lecteur me comprendra.

ART. 16. Rien n'est changé quant à présent aux réglemens intérieurs des maisons de tolérance, adoptés jusqu'à ce jour, et qui ne sont point en contradiction avec le réglement nouveau, ainsi qu'aux formalités exigées des maîtresses de maisons de tolérance, pour la déclaration et l'inscription au dispensaire des filles publiques qu'elles veulent attacher à leurs établisse-mens.

Il ne pourra exister qu'un seul établis-sement de tolérance dans chaque maison

Les améliorations, devant s'opérer au fur et à mesure que l'expérience les justifie, il est prudent de laisser *in statu quò* un état de choses qui, déjà très-bon par ses résultats, n'attend que des per-fectionnemens partiels de quelques circonstances favorables.

La formalité exigée des maîtresses de maisons de tolérance concernant la déclaration et l'inscription au dispensaire de la police des filles publiques qu'elles attachent à leurs établissemens, étant d'une utilité évidente, on ne saurait trop en recomman-der la stricte exécution.

Les plus graves inconvéniens seraient la suite de l'existence de plusieurs mauvais lieux dans une même maison. Des conflits de rivalité et de jalousie seraient la source de grands désordres. Je repousse de toutes mes forces une pareille concession, obte-nue toutefois par deux ou trois maisons, pendant que j'étais commissaire de police. Mais si j'en avais été le maître, j'aurais disséminé ces bazars de libertinage, dont la réunion dans une seule enceinte est incompatible avec l'ordre et la tranquillité.

Art. 17. La visite des médecins dans les bureaux du dispensaire, concernant les filles publiques attachées aux maisons de tolérance, est supprimée.

Elle n'aura plus lieu dans ce local, que pour les filles publiques en contravention, pour les insoumises, les disparues, les retardataires, et les filles isolées ou en cartes.

Art. 18. La visite des médecins se fera dorénavant dans l'intérieur même des maisons de tolérance.

Les filles isolées pourront y être visitées avec l'agrément des maîtresses de maisons.

Art. 19. Les maisons de tolérance de Paris seront divisées, pour les visites, entre les dix médecins titulaires, ou un plus grand nombre si la nécessité nous en est démontrée.

Ces médecins se transporteront périodiquement ou accidentellement, mais cependant de manière à ce que toutes les filles puissent être visitées à une époque déterminée, dans les maisons de tolérance qui leur seront respectivement assignées. Chacun fera son rapport quotidien et nominatif des filles qu'il aura visitées ; l'état de santé de chaque fille y sera constaté ; ce rapport sera adressé au médecin en chef du dispensaire de la Préfecture de police, avec ses observations au chef de division de l'attribution des mœurs, qui nous en rendra directement compte, et donnera les ordres nécessaires pour que les malades soient envoyées immédiatement aux lieux destinés à leur guérison.

J'ai assez développé les inconvéniens de la visite des médecins dans les bureaux du dispensaire, et les avantages de cette visite dans l'intérieur même des maisons de tolérance, sauf les exceptions relatives aux filles publiques en contravention, aux insoumises, aux disparues et aux retardataires ; je me suis assez étendu sur le mode à suivre pour la plus grande utilité de cette visite. C'est pourquoi je passe outre, sans ajouter un commentaire inutile aux trois articles ci-dessus désignés, dont le texte est tout explicite.

ART. 20. Chaque médecin sera accompagné, dans ses visites, par un médecin surnuméraire, choisi et nommé par nous, qui sera à la fois, le sécrétaire, l'adjoint et l'élève du premier.

ART. 21. Les médecins surnuméraires sont naturellement appelés à succéder aux médecins titulaires, au fur et à mesure des retraites, des maladies ou des décès. Les uns et les autres devront être mariés ou veufs.

Outre l'avantage de doubler le nombre des médecins chargés de la visite des prostituées, et d'améliorer par-là une partie essentielle du service, je trouve le moyen de former de bonne heure des hommes capables, de leur faciliter la connaissance spéciale et approfondie de la syphilis qui signale sa présence par tant de symptômes et tant de phénomènes qu'il faut une longue pratique pour la combattre victorieusement : c'est un progrès incontestable.

Il est de toute justice que les médecins auxiliaires succèdent aux médecins titulaires, sauf les cas
d'aptitude douteuse ou de moralité équivoque. Je
désire aussi que ces médecins auxiliaires soient mariés
ou veufs, avant que d'entrer en emploi; cette condition suppose un âge mûr, et repousse d'avance
le reproche qu'on ne manquerait pas d'adresser à
l'administration, si de jeunes célibataires étaient appelés à ces fonctions, à la fois délicates et sévères.

ART. 22. La direction et l'ordre des visites
des médecins du dispensaire, ainsi que
tout ce qui se rattache à cette partie du
service, appartient, sous l'impulsion toutefois du chef de division de l'attribution
des mœurs, au médecin en *chef*.

Cet article renferme une disposition d'ordre qui
établit les droits administratifs du médecin en chef :
il s'explique de lui-même et il n'a pas besoin d'être
autrement motivé.

Art. 23. Les lois, arrêtés, réglemens et ordonnances, concernant la prostitution clandestine, restent et demeurent dans leur vigueur.

On ne peut mettre en doute l'importance de tous les moyens coercitifs à laisser dans les mains de l'administration pour anéantir, ou du moins pour affaiblir, autant que possible, l'intensité d'une contagion d'autant plus préjudiciable aux populatoins que sa source échappe trop souvent aux recherches, et que ses ravages secrets n'étant pas combattus, se propagent avec une rapidité effrayante.

Art. 24. Toute fille qui se présentera volontairement ou qui se fera présenter de son plein gré par une dame de maison de tolérance pour être inscrite sur les régistres de la police, quels que soient son âge et sa condition, sera accueillie selon sa demande, sauf à nous à prendre ultérieurement à son égard telle mesure que la prudence et les circonstances nous dicteront.

Rapport nous sera immédiatement

adressé pour prendre nos ordres dans ces cas exceptionnels.

Cet article est en opposition avec les instructions auxquelles est soumis le bureau du dispensaire. Il est arrivé trop souvent, et il arrive encore aujourd'hui qu'une jeune fille, déjà perdue par misère, par paresse, manque de travail, ou par toute autre motif quelconque, se présente ou se fait présenter au dispensaire de la Préfecture de police pour se faire inscrire comme fille publique. Eh! bien, elle est quelquefois repoussée par l'administration dont les intentions et les scrupules, que je connais fort bien, sont très-louables; mais pour éviter un danger, elle tombe dans un plus grand, et d'ailleurs les raisons qu'elle allègue, comme fin de non-recevoir, sont mauvaises ou tout au moins spécieuses.

Lorsqu'une fille, quels que soient son âge et la classe de la société à laquelle elle appartient, se décide à demander son inscription comme prostituée, il est plus que certain que cette malheureuse est, depuis plus ou moins de temps, livrée à la débauche. C'est donc un être en dehors de la société, et elle n'y rentrera pas bénévolement après l'accueil défavorable qu'elle a reçu à la Préfecture.

Quel est donc le résultat de votre refus enfin? Vous augmentez le nombre des insoumises, vous donnez de l'extension à la débauche clandestine. Vous ne reverrez plus cette fille à moins que vos inspecteurs ne l'arrêtent en flagrant délit de prostitution, et votre rigueur intempestive peut devenir ainsi la cause de graves accidens qui ne seraient probablement pas survenus, si cette prostituée avait été inscrite, et conséquemment sous le joug des réglemens sanitaires de la police.

Le mal et ses conséquences acquièrent encore de la gravité si la fille repoussée du dispensaire est dans un âge trop tendre, ou si elle appartient à des parens honorables.

Le sentiment de votre devoir vous commande une surveillance continuelle en faveur de ces jeunes enfans que des soins spéciaux peuvent ramener dans la bonne voie. De mauvais conseils les ont égarés, ou ils se sont soustraits à la sévérité excessive d'un père et d'une mère. Les repousser, c'est assumer sur sa tête toutes les suites d'un abandon barbare, c'est se rendre responsable de tous les malheurs qui torturent l'avenir de ces pauvres enfans. Il faut donc les inscrire, et les entourer de toute la protection et de toute la vigilance de l'autorité.

Au lieu de les relancer dans une atmosphère de corruption, soumettez ces filles à peine nubiles à une vie régulière dans une maison spécialement destinée à les recevoir. Leur jeunesse permet d'espérer que quelques-unes d'entre elles reviendront sur leurs pas, et se rendront dignes de rentrer dans la société. Prévenez leurs parens. Dès qu'ils sauront que la vie déréglée de leurs filles restera ignorée, et que c'est un secret religieusement gardé par l'administration, ils consentiront à les reprendre. Vous donnerez un état à celles qui feront preuve d'aptitude et de bonne volonté. Quant aux incorrigibles elles seront rejetées dans la carrière de dissolution, leur seul élément, mais avec l'obligation de se soumettre aux réglemens sanitaires. Alors, non seulement vous n'aurez pas forcé des jeunes filles à se prostituer clandestinement, mais encore vous en aurez arrêté quelques-unes sur le bord de l'abîme ; les incorrigibles seront courbées sous le joug, dans l'intérêt de la santé publique ;

ainsi vous aurez rempli vos devoirs d'homme et de magistrat, et, loin de vous attirer des reproches mérités, vous obtiendrez les justes suffrages de vos concitoyens.

ART. 25. Une prime de quinze francs sera accordée à tout inspecteur de police ou tout autre individu **qui** fera connaître un lieu clandestin de débauche, lorsque cet avis aura été reconnu **exact** et le fait constaté.

ART. 26. Une prime de vingt-cinq francs sera accordée, sous les mêmes restrictions, à celui **qui** découvrirait un lieu où l'on favorise plus particulièrement la débauche clandestine des mineures.

On ne saurait trop stimuler le zèle des agens de police ou autres, pour arriver à la découverte de ces infâmes repaires qui sont le tombeau de l'honneur de tant de jeunes vierges, et la terreur ainsi que la désolation de leurs familles.

Toutefois je mets des restrictions aux récompenses dans le but d'émousser les traits de la calomnie et de la cupidité.

ART. 27. Toute fille ou femme qui prétendra avoir été arrêtée illégalement, sera entendue contradictoirement avec l'auteur ou les auteurs de l'arrestation par le chef de division de l'attribution des mœurs qui décidera, en dernier ressort, à l'égard des filles publiques inscrites.

Quand aux filles prévenues de se livrer à la prostitution clandestine, il nous sera fait un rapport immédiat des objections réciproques des parties, sur lesquelles nous statuerons personnellement.

Ces dispositions sont d'un sens trop lucide pour avoir besoin de développemens. Je ferai seulement remarquer mon respect pour la liberté individuelle, que j'admets même en faveur des êtres dégradés par une vie dissolue.

ART. 28. Tout inspecteur de police convaincu d'arrestation illégale ou arbitraire d'une femme ou fille, sous le prétexte de provocation à la débauche ou de se livrer à la prostitution clandestine, sera suspendu de ses fonctions pendant un mois, et privé de ses appointemens durant le même laps de temps, pour la première fois ; en cas de récidive, il sera destitué, sans préjudice de peine plus grave, s'il y a lieu

Ceci **complète** logiquement l'article qui précède ; car si mon intention formelle est de faire disparaître, de la voie publique, le spectacle hideux de la provocation à la débauche, et de déclarer une guerre à mort à la prostitution clandestine, je ne saurais entourer, de trop de protection et de garanties, les femmes honnêtes qui parcourent pédestrement la capitale pour leurs affaires, afin d'empêcher qu'elles ne soient confondues avec des prostituées.

ART. 29 Défense aux cabaretiers, rogomistes et autres marchands de boissons, de recevoir ailleurs que devant leur comptoir, ou dans la pièce même où se trouve placé le comptoir, des femmes de débauche, sous peine de cent francs d'amende.

Cette **prohibition** est un des moyens les plus

efficaces pour arrêter les désordres qui se commettent journellement dans les cabinets noirs ou particuliers des marchands de vins, rogomistes, etc. C'est aussi un moyen radical de paraliser la débauche clandestine, en ce qu'elle a de plus ignoble et de plus dangereux : les agens ne sauraient donc avoir les yeux trop ouverts sur cette partie essentielle du service.

Art. 3o. Conformément à la loi du 22 juillet 1791, titre 12, art. 10, les maîtresses de maisons de tolérance ouvriront en tout temps leurs portes aux officiers de police, etc.

En France, les lois ont toujours été très-sévères contre les établissemens de débauche et de prostitution, parce qu'en tout temps ces lieux ont été le rendez-vous ou le refuge non-seulement des libertins, mais encore des voleurs et des assassins, enfin de toute l'écume de la société ; aussi le législateur a-t-il voulu soumettre ces maisons malheureusement indispensables à l'action sans relâche de la police.

Le but salutaire de cette prérogative est facile à pressentir, et les heureux résultats d'un tel privilége ne peuvent être contestés que par des individus intéressés personnellement à calomnier les mandataires d'un pouvoir protecteur, parce qu'ils ont à **craindre**, pour leur propre compte, une surveillance exercée dans les intérêts de tous, ou, s'ils n'en sont point encore là, c'est qu'ils ont des dispositions à trouver leur contentement et leur bien-être dans le désordre, et que, par conséquent, toute organisation rationnelle leur est hostile. On comprend l'appréciation que je puis faire de leur opinion.

ART. 31. Tout officier de police, médecin du dispensaire, inspecteur, sergent de ville ou agent quelconque de police qui, abusant de sa qualité, prétendrait se livrer à la débauche, *avec exigeance et gratuitement*, dans une maison de tolérance ou commettrait tout autre acte qu'on pourrait qualifier de concussion, sera immédiatement révoqué de ses fonctions, s'il est convaincu de cet oubli de ses devoirs, sauf à nous à provoquer des peines plus fortes, s'il y a lieu.

Cet article est encore un de ceux qui se passent volontiers de tout commentaire : j'en ai pour garant la moralité publique, même dans les temps les plus corrompus. Il n'est pas un homme qui ne comprenne qu'on ne peut jamais user de trop de rigueur contre ceux qui se rendent coupables des fautes qu'ils sont appelés à réprimer.

Plusieurs dénonciations ont été adressées au Préfet ainsi qu'à moi lorsque j'étais en fonctions. On y signalait quelques individus qui s'étaient présentés dans diverses maisons de tolérance, en qualité d'agens de police, d'officiers de paix, et même de commissaires de police.

Ces chevaliers d'industrie se livraient gratuitement à la débauche, se faisaient servir à boire et à manger aux dépens des maîtresses de maisons, et parvenaient encore à leur arracher souvent des cadeaux.

Ces actes d'une audace inouïe pouvaient compromettre l'administration en laissant planer sur elle le soupçon qu'elle stipendiait des employés indignes de leur mandat. Aussi fit-elle tous ses efforts pour découvrir les coupables. J'eus le bonheur d'en démasquer deux, et un bonheur plus grand encore de reconnaître que ces individus n'appartenaient plus depuis long-temps à la Préfecture de police.

L'un d'eux avait eu l'impudence d'exploiter simultanément jusqu'à cinq ou six maisons. Il se faisait représenter les registres de tolérance ; il contrôlait le nombre des filles présentes ; lorsqu'il en trouvait en contravention, il menaçait les maîtresses de verbaliser ; il allait jusqu'à commencer la rédaction d'un procès-verbal ; ensuite il feignait de s'humaniser, et c'était alors qu'il mettait en avant ses exigences.

Ce nouveau genre d'escroquerie m'étonna d'autant plus que les maîtresses des maisons de tolérance devaient bien connaître les agens de l'attribution des mœurs. Je ne comprenais donc pas comment elles se laissaient tromper aussi grossièrement, et je doutais de la véracité de leurs plaintes. Cependant les griefs étaient si bien circonstanciés, les signalemens si bien détaillés, que je dus leur prêter toute mon attention. Grâce à des données justes qui me furent communiquées par plusieurs de mes agens, mes soupçons se portèrent sur un ancien inspecteur de police ; un mandat de perquisition m'autorisa de faire une visite domiciliaire chez lui, et là, devant la force de l'évidence, mes incertitudes s'évanouirent : je trouvai un coupable. Il se renferma vainement dans un système de dénégation absolue. Mais pour être à l'abri de tout reproche, je le soumis à la confrontation avec les parties plaignantes.

Je choisis, pour cela, ceux de mes inspecteurs qui se rapprochaient le plus du signalement donné par la taille, la corpulence et la tournure. Je fis placer l'*industriel,* d'un nouveau genre, au milieu d'eux, et je me présentai ainsi, sans affectation aucune, dans les maisons de tolérance où l'ex-inspecteur avait mis en jeu, d'après l'accusation, ses coupables manœuvres.

Il fut reconnu de prime-abord sans hésitation. Plusieurs maîtresses et plusieurs filles s'écrièrent en le voyant : « Voilà l'escroc! » Et cela par un mouvement spontané. Une seule, plus timide ou plus poltronne que les autres, me tira à part en me disant : « Je crois que celui que vous cherchez est au milieu des inspecteurs qui sont avec vous. Je pense que c'est celui qui est placé au troisième rang. »

Après une reconnaissance aussi formelle, il était difficile à notre homme de nier encore les faits qui lui étaient reprochés. Il adopta d'autres moyens de défense aussi vicieux que le premier. En conséquence je l'envoyai au dépôt de la Préfecture de police pour y être mis à la disposition de qui de droit.

Art. 32. A minuit précis, toutes les maisons de tolérance seront fermées et l'entrée en sera refusée au public sans distinction.

Art. 33. A onze heures précises du soir, la marcheuse, c'est-à-dire la femme stationnant sur le seuil de la porte de la maison de tolérance, se retirera.

Il n'est pas convenable qu'à l'heure où les trois

quarts des habitans de Paris se reposent des fati-
gues du jour, leur sommeil soit troublé par les
scènes bruyantes, surtout au milieu du calme de
la nuit, qui se passent dans les mauvais lieux disséminés çà et là sur tous les points de la capitale,
et l'on ne doit plus apercevoir, dans chaque rue,
le signalement d'une maison de débauche lorsque
l'heure avancée aggrave la position de l'imprudent
que l'enseigne vivante y attire, sans être prémuni
contre les marlous et les voleurs qui exploitent, les
uns l'intérieur, les autres les abords de la prostitution, et les rues voisines. Malgré toute sa vigilance
et le nombre des patrouilles, la police ne peut pas
toujours atteindre ces malfaiteurs, parce qu'elle
ne peut pas être partout à la fois.

Or, en exigeant qu'à minuit précis, les portes
des maisons de debauche ne soient plus ouvertes à
personne, l'administration ajoute la tolérance à la
prudence, motivées l'une et l'autre par des considérations du plus haut intérêt.

Art. 34. Aucune maison de tolérance
ne pourra être dirigée ni directement, ni

indirectement par un homme, pas même être sous son influence.

En conséquence aucun individu, à quelque titre que ce puisse être, soit de commensal, d'ami, d'amant, tant de la maîtresse de la maison que d'une de ses demoiselles, même des domestiques à gages, etc., ne pourra être à demeure dans la maison.

Sont cependant exceptés les hommes mariés légitimement avec les maîtresses de maisons de tolérance ; néanmoins ils ne pourront, pas plus que ceux qui prendraient les titres ci-dessus désignés, s'immiscer en aucune manière dans les rapports, discussions et difficultés entre le public, les maîtresses de maisons et leurs filles.

Dans les explications que nécessite cet article, je réduirai d'abord à sa juste valeur une objection qui m'a été adressé lorsque j'étais en fonctions.

« Vous voulez donc exposer une faible femme (la maîtresse de maison) aux exigences et aux insultes de jeunes libertins qui ne se rendent chez elles qu'échauffés par les libations d'une orgie? Sa position ne sera pas tenable dès qu'elle n'aura plus, pour la soutenir, un homme à quelque titre que ce soit. »

Ces craintes fussent-elles fondées, ce qui n'est pas, et je le prouverai tout à l'heure, ce n'est point une raison assez puissante pour déterminer une concession en faveur des maîtresses de maisons de débauche, quand cette concession détruirait de fond en comble mon projet d'extinction des marlous. Avant tout, il faut satisfaire la société, et arracher de son sein le cancer qui la ronge et la dévore.

A peu d'exceptions près, chaque maîtresse de maison a son amant, et c'est toujours un marlou. J'ai fait connaître la vie de turpitudes des hommes dépravés désignés par ce sobriquet. J'ai dénoncé leurs crimes connus, et j'ai appelé l'attention sur leurs crimes ignorés. Eh! bien, ce sont ces misérables, investis de l'autorité suprême dans les maisons de tolérance, en qualité de protecteurs de ces établissemens, qui s'interposent dans des discussions entre les maîtresses, les filles et le public. Ces discussions dont la cause première est presque insignifiante deviennent souvent des collisions sanglantes par le fait prémédité des marlous qui ne veulent point de querelles sans résultat, et qui trouvent leur compte à les pousser jusqu'aux rixes les plus sérieuses. Heureux, lorsque l'imprudent, qui a pénétré dans le repaire pour y trouver la satisfaction d'un désir honteux, n'y laisse que sa bourse, et en sort la vie sauve, quitte à garder la chambre pendant le temps nécessaire à la guérison du mal que la prostituée lui a donné, et des coups qu'ils a reçu des souteneurs. C'est un brigandage. Or, des battues doivent être ordonnées, et les antres doivent être débarrassés des brigands qui les infestent

Désormais la police, et la force armée au besoin, protégeraient les maîtresses de maisons, et viendraient, en même temps, au secours des citoyens que la fougue des passions entraîne dans ces mauvais lieux, et pour éviter à l'avenir tout point de contact entre eux et les marlous, il serait interdit à ceux-ci d'habiter les maisons de prostitution, et d'en être les commensaux et les souteneurs. Cette défense me semble d'autant plus utile que j'y trouve le moyen de purger la capitale d'une foule de malfaiteurs qui sont partout et qu'on ne peut atteindre nulle part, qui se procurent des papiers réguliers, et qui n'ont pas de domicile connu; qui sont parfaitement mis, et même quelques-uns richement vêtus, qui fréquentent les meilleurs restaurans, les cafés, les estaminets de première classe, les théâtres royaux, et qui n'ont ni état, ni moyens avoués d'existence. Enfin ce sont des individus qui se jouent de la loi, avec la loi même, c'est-à-dire, par une fausse interprétation de l'esprit de la loi, conséquence de son application absolue à la liberté individuelle.

Je fais, à dessein, une exception en faveur des hommes, mariés légitimement, qui ont permis à leurs femmes de tenir des maisons de tolérance. Toutefois en les autorisant à demeurer avec leurs femmes dans les établissemens qu'elles dirigent, j'exige qu'ils restent neutres dans toutes les discussions entre les femmes et le public; je ne veux pas qu'ils soient aperçus par ceux qui fréquentent ces maisons; à plus forte raison, je leur défends tout acte ostensible qui les signalerait comme maîtres dans lesdites maisons.

Lorsqu'une maîtresse de maison de tolérance aurait à se plaindre gravement des hommes qui viendraient chez elle, elle aurait le droit de requérir, comme tout autre habitant, l'intervention de l'autorité assistée de la force armée, pour lui donner aide et protection. Les plus honorables citoyens, insultés dans leurs demeures, n'ont pas de prérogatives plus étendues. Qu'aurait donc, après cela, une maîtresse de maison de tolérance à réclamer ? Rien.

Ainsi, elle obtiendrait, en toute circonstance, les secours que l'administration publique accorde à tout le monde, et les mauvais lieux ne seraient plus des coupe-gorges. C'est là où je veux en venir.

Mes observations puisent une nouvelle force dans l'accident qui est arrivé le 28 août 1838, et qui a été répété par un grand nombre de journaux sans être démenti.

« Vers quatre heures du soir, des cris : *au secours ! à la garde !* se firent entendre rue des Colonnes Faydeau à travers le bruit de carreaux de

itres et de meubles que l'on brisait. Bientôt se
orma un rassemblement qui occupait toute la **rue**
t une partie des rues environnantes. Tous les cu-
ieux virent avec autant d'indignation que **de** sur-
rise , des individus s'efforcer de jeter des femmes
ar les fenêtres de la maison de tolérance, située au
N. 3 de la rue des Colonnes. Des sergens de ville ,
ppuyés par la garde du poste voisin , étant accou-
us, s'introduisirent dans cette maison , où se trou-
aient cinq jeunes auteurs de ce scandale. Au moment où la force armée pénétrait dans l'intérieur,
me fille allait être précipitée par la fenêtre du premier étage. Ces cinq individus, ont déclaré être
étudiants, et avoir voulu exercer une vengeance
sur une des femmes de l'établissement. **Ils** ont été
envoyés à la Préfecture de police. Cette scène scandaleuse a jeté un instant l'effroi dans le quartier de
la bourse. »

Il est bon de faire observer que cet événement
vient de se passer sous l'empire des ordonnances
actuellement en vigueur, ordonnances qui ne dé-
fendent pas la présence, dans ces lieux de débauche, d'un homme se disant amant **ou** commensal

de la maîtresse ou d'une de ses filles. Il est donc probable, pour ne pas dire certain, qu'un ou plusieurs de ces hommes étaient dans la maison, lorsque les jeunes débauchés, mûs, ont-ils dit, par un sentiment de vengeance, se sont portés à des voies de fait sur les prostituées que, quelques instans auparavant, ils serraient sans doute dans leurs bras. Or, je le demande : la présence des marlous a-t-elle empêché le désordre ? non, peut-être même elle les a aggravés.

Je prouve donc que les lieux les plus infâmes, sont comme les habitations les plus respectables, sous la protection immédiate de l'autorité qui ne refuse jamais de s'interposer au milieu du trouble pour y mettre promptement un terme.

Certes, si ces étourdis avaient fait du tapage dans un restaurant, dans un café ou au spectac'e, la police n'aurait pas été plus favorable aux propriétaires de ces établissemens, qu'elle l'a été à la maîtresse de maison de tolérance.

Ainsi, je le répète, tombe l'objection contre laquelle je m'élève, devant la force et la vérité des faits.

Art. 35. Toute contravention au précédent article entraînera pour la première fois, la fermeture de la maison de tolérance pendant un mois.

En cas de récidive, la tolérance sera définitivement retirée, et la maîtresse ou la fille publique, qui aura provoqué cette mesure, sera renfermée pendant un temps que nous fixerons ultérieurement suivant la gravité des faits.

Il est de toute urgence, pour arriver au résultat formulé dans l'art. 34, d'user de moyens coërcitifs, sans jamais transiger avec le réglement devant la moindre contravention. Il y a trop de gravité dans l'espèce, pour chercher des circonstances atténuantes en faveur d'un marlou à poste fixe dans un lieu de débauche du consentement de la directrice.

Art. 36. Toute maîtresse de maison sera responsable des infractions à la partie du présent réglement qui la concerne, surtout

s'il est démontré qu'elle aurait pu les empêcher.

Le texte de cet article est d'une clarté si franche,
et les motifs en sont d'une justice si patente, que je
me dispense de toute autre explication.

Art. 37. Sans un ordre de nous, formel
et par écrit, aucune communication des
registres, des notes concernant les noms,
lieux de naissance, demeures et autres circonstances de la vie des filles inscrites ne
sera donnée à qui que ce soit, ni sous quelque prétexte que ce puisse être. Toute
communication de cette nature, sera également refusée aux employés de notre administration, étrangers au bureau de l'attribution des mœurs.

Le fonctionnaire ou l'employé qui con-
treviendrait au présent article, sera sur-le-
champ suspendu de ses fonctions ou révoqué selon la gravité du cas.

J'ai **attribué**, avec raison, le grand nombre de

filles publiques insoumises, retardataires et disparues à la crainte incessante des prostituées que leur
dépravation n'allât à la connaissance de leurs proches, de leurs amis; elles sont surtout frappées de
terreur à l'idée que l'administration de la police
peut ouvrir les pages de ses registres à tous les curieux qui viendraient lui demander si une *telle* de
tel pays n'est point inscrite comme fille publique?
Je comprends cette crainte assez forte pour faire re-
culer devant l'inscription, et lancer les prostituées
dan sl'exercice de la débauche clandestine. Aussi, le
nombre de ces dernières est-il énorme; aussi ces
femmes changent-elles journellement de noms et de
qualités pour échapper à la vigilance de la police,
et c'est en y échappant qu'elles se gangrènent et
propagent le venin qui les décime. Il serait donc de
la prudence administrative d'abolir, par la crainte
des peines les plus sévères, un état de choses si
contraire à la morale et aux intérêts matériels de la
population. Mais pour arriver à ce but, il faut inspirer de la confiance à ces malheureuses; *il faut leur
promettre et surtout tenir scrupuleusement la
promesse* d'un secret inviolable sur le déréglement

de leur conduite. Je désirerais même que cette discrétion s'étendît jusques à leurs proches, s'ils ne paraissaient pas disposés à les arracher à cet état de prostitution, et sauf d'autres cas exceptionnels à distinguer, selon les circonstances qui laisseraient plus ou moins d'espoir qu'une fille serait susceptible de renoncer à son vil métier, et que ses parens auraient les moyens de l'empêcher de retomber plus tard dans la carrière de la débauche.

Je le répète, une fois certaines que le public ignorera leurs écarts, ou du moins qu'on ne pourra plus leur adresser sciemment la qualification humiliante de *prostituée inscrite* ; une fois qu'elles auront la conviction que personne ne fouille dans les cartons de la police, et qu'elles ne seront plus obligées de se présenter deux fois par mois à la Préfecture de police, j'affirme que toutes ces femmes et filles, livrées à la prostitution clandestine, se hâteront de se faire inscrire pour profiter des visites sanitaires chez elles ou dans les maisons de tolérance ; elles iront même au-devant de toutes les mesures préservatrices de l'autorité ; car, en définitive, elles tiennent, comme toutes les autres femmes, à leur santé, et elles ne seront pas assez stupides pour repousser un bienfait qui leur est personnel, lorsque ce bienfait ne leur sera plus octroyé avec un entourage de formes qui les dégradent à leurs propres yeux, même dans leur sphère d'avilissement. La crainte de la publicité, les impressionne et les domine au point de ne plus voir des maux réels qu'elles espèrent tenir cachés en présence des souffrances de l'amour-propre blessé, dont elles redoutent d'être atteintes publiquement.

Je crois que ces dispositions produiraient des résultats heureux pour la société et honorables pour l'administration.

ART. 38. Les cartes des filles publiques isolées porteront en tête un numéro qui répondra à celui du registre nominal du bureau des mœurs, ainsi que les noms et prénoms de la fille.

Toute pseudonymie ne sera plus admise sous aucun prétexte.

Le but de cet article est trop clair; en conséquence un plus long développement serait inutile.

Art. 39. Toute fille publique, qui demandera sa radiation, devra prouver qu'elle a des moyens d'existence ou un état pouvant lui en procurer, ou bien qu'elle est réclamée par une personne établie, connue honorablement, et qui la retire de son état d'abjection, en lui fournissant les moyens de vivre, sans être forcée de retomber dans la débauche.

Dans le but de se soustraire aux exigences de la police, et surtout aux visites des médecins dans le bureau du dispensaire, beaucoup de filles publiques demandent leur radiation, en alléguant qu'elles ont renoncé à la prostitution, et qu'elles exercent un état qui leur permet de vivre du produit de leur travail; d'autres présentent, à l'appui de leurs requêtes, des personnes qui déclarent les prendre chez elles où elles leur fourniront des moyens d'existence suffisans et en rapport avec leur condition. Ces demandes sont presque toujours accueillies favorablement. Il me semble qu'avant d'accorder la radiation, l'administration devrait s'assurer de la solidité des bases sur lesquelles les demandes s'appuient ; car je ne crains pas de me tromper, en déclarant que sur dix filles publiques ainsi légèrement radiées, il y en a neuf qui continuent le métier, mais d'une manière clandestine, et, par cela seul, mille fois plus dangereuses qu'avant leur radiation, si elles restent dans Paris.

J'ai l'intention de prémunir également l'autorité contre ces prétendus amis, ou parens des prostituées, qui les réclament ; ce sont ordinairement des marlous et des pourvoyeuses, ou tout au moins des personnages d'une moralité plus que suspecte. Il convient donc à l'administration d'être plus sévère en pareille circonstance : elle s'en trouvera bien et le public aussi.

Art. 40. La radiation définitive n'aura lieu, pour une fille qui continue à résider dans Paris, que six mois après l'admission de sa demande, et, pendant ce temps, elle restera soumise aux visites des médecins, soit au dispensaire, soit dans une maison de tolérance, à son choix.

Il est évident que la prudence exige de soumettre à cette épreuve de six mois toutes les prostituées en instance de radiation, lorsqu'elles ne quittent pas la capitale. Sans cette mesure, l'administration, non-seulement perdrait leurs traces, mais encore elle ignorerait leur état sanitaire, ce qu'il importe d'éviter, attendu que des exemples trop fréquens ont prouvé que ces prostituées, prétendues converties, n'avaient fait que secouer un joug salutaire pour se livrer à la débauche clandestine.

Art. 41. Toute fille en instance de radiation doit s'abstenir de tout acte de débauche publique.

C'est le complément de l'article 40 ; la radiation deviendrait impossible si la pétitionnaire continuait à se prostituer.

Art. 42. Toute fille radiée, et qui serait de nouveau arrêtée se livrant à la prostitution clandestine, ne sera plus habile à jouir de la faveur de la radiation ; elle restera toute sa vie inscrite d'office, à moins qu'elle ne se présente d'elle-même pour se faire inscrire, de nouveau, comme fille publique.

Dans ce dernier cas, elle se trouve replacée sous le droit commun.

Tout commentaire devient inutile à la suite d cet article, dont la rationalité est évidente.

ART. 43. Toute maîtresse de maison, qui, principale locataire, louera des chambres garnies ou non meublées à des filles publiques en cartes, sera obligée de les inscrire régulièrement sur un registre particulier, soit à leur entrée chez elle, soit à leur sortie de sa maison.

Ces filles publiques passeront à la visite des médecins dans les appartemens de la maîtresse de maison.

Cet article rentre absolument dans le cercle des réglemens relatifs à l'intérieur des maisons de tolérance; je laisse à la sagacité du lecteur, le soin d'en apprécier l'importance, relativement au bon ordre de l'intérieur de ces maisons, ainsi qu'à la facilité de leur surveillance, et toujours dans mon système d'opposition contre la débauche clandestine.

Art. 44. Toute maîtresse de maison de tolérance qui, par sa position élevée et toute exceptionnelle, voudrait donner soirée, bal ou concert, devra se munir d'une permission expresse, et pour un seul jour.

Cette permission sera délivrée par le chef de division de l'attribution des mœurs, et approuvée par nous.

Des permissions de cette nature ne pourront être accordées à la même personne, plus de deux fois par mois.

Il sera perçu, chaque fois, cinquante francs qui seront déposés comme il sera dit dans l'article suivant.

On sait qu'il existe, dans divers quartiers de la capitale, des repaires de filous et d'escrocs *du bon ton*. Là se réunissent aussi ces femmes perdues de débauche et de luxure, d'autant plus dangereuses pour les jeunes gens sans expérience, et les voyageurs peu instruits des usages de la capitale, qu'elles réunissent aux charmes de la figure, l'élégance des manières et les séductions de la parole. Elles savent, à propos, attirer les regards, provoquer les hommages, et jouer la pudeur; enfin, rien n'est oublié, dans leur manége, pour exalter l'imagination de leurs dupes et pour échauffer leurs sens. Certains hommes se laissent prendre à de tels piéges par la seule raison que ces cercles n'étant pas sous l'inspection immédiate de la police, il leur semble plus décent de les fréquenter que d'aller chercher les mêmes distractions dans les maisons de tolérance.

Ces Messalines sont généralement associées avec les escrocs, piliers de ces cavernes où l'on exploite l'aveuglément de la jeunesse et la bonne foi des étrangers. Malheur aux jeunes insensés, malheur aux hommes imprudens qui s'y laissent entraîner! malheur surtout à ceux qui prennent place autour du tapis vert! ils ne s'en éloigneront que dépouillés complètement, à l'aide de cartes bizottées, de dés plom blés, et de tous les autres moyens dont les autres escrocs ont fait et font tous les jours une étude approfondie pour fixer, en leur faveur, les chances du hasard. Heureux encore si le désir de réparer une première perte ne les entraîne pas à d'autres parties chaque jour plus funestes! Leur fortune est compromise, et bientôt ce sera leur probité, leur honneur qu'ils mettront en jeu; car, dans les excès de cette passion fatale, trop d'exemples viennent à l'appui du proverbe :

On commence par être dupe,
On finit par être fripon.

J'ai vu de près ces antres infernaux, j'y ai pénétré une fois pour en arracher le fils d'un de mes amis, qu'une de ces prostituées de haut parage y avait attiré. Ce jeune homme, aujourd'hui la gloire de sa famille, qui suit avec succès une carrière brillante et libérale, eût peut-être alors perdu, sans moi, sa réputation, sa fortune et son avenir. Cependant je dois l'avouer, sa sagacité, son intelligence, le souvenir d'un père honorable, ses propres principes et le sentiment de lui-même lui dessillèrent promptement les yeux, et, depuis, il n'a plus pensé qu'avec horreur à ces dangereuses réunions.

Mais tout le monde ne sort pas aussi heureusement de ce dédale inextricable. J'en parle avec connaissance de cause; j'ai observé l'intérieur de ces repaires avec calme. Que de bassesse et d'infamie! que de fureur et de honte! que les physionomies des acteurs au tapis vert sont hideuses de joie comme de désespoir! ce sera encore une conquête de notre époque progressive que l'interdiction de ces lieux d'immoralité flagrante. Dans l'expectative d'une loi qui les atteigne avec autant de justice que toutes les autres maisons de jeux, je m'estimerai utile à mes semblables si mes observations hâtent la fermeture de ces tripots, ou du moins en éloignent le plus grand nombre des hommes faciles à duper.

Les maisons de jeu tenues à Paris par les S..., les M..., les V..., les B..., les L..., les D..., les L..., les H..., etc., etc., ne sont que des établissemens de prostitution, mal dissimulés par ces réunions, dont le seul but est l'escroquerie. En effet, on n'y trouve que des femmes galantes, et si l'on ne s'y livre pas ostensiblement à la débauche, ce n'est pas moins là que ces femmes mettent leurs charmes en étalage, et leurs faveurs à la hausse; c'est là que se discutent les conditions du traité pour être consommée chez elles, aujourd'hui avec l'un et demain avec l'autre. La prostitution y est donc flagrante, sauf quelques différences dans les formes, c'est la même chose, au fond, que dans les maisons de tolérance.

Or, si la police permet ces réunions, pourquoi ne permettrait-elle pas aussi à quelques-unes des maîtresses de maisons de tolérance, particulièrement connues, de donner également des soirées, des bals et des concerts, avec des additions de tables d'écarté? Ici, du moins, les escrocs seraient surveillés de près, tandis que dans les autres cercles, c'est impossible, attendu que l'action de la police n'y est ni directe ni ostensible, et que par conséquent le résultat de ses investigations est quasi nul.

Les mêmes motifs qui activeraient la surveillance dans de certaines maisons de débauche avouées, inspireraient à l'administration les moyens de pénétrer officiellement dans les réunions dangereuses désignées ci-dessus, d'y avoir sans cesse des agens pour épier l'adresse coupable des filous, pour éclairer leurs dupes, pour lutter contre les manœuvres licencieuses des femmes galantes, et réduire, de guerre lasse, les maîtresses à fermer leur porte, ou à se soumettre volontairement à l'action directe, ostensible et permanente de la police, ce qui, peu à peu, cicatriserait une plaie envenimée ; ce serait encore de la prostitution clandestine de moins, et l'on devrait aussi, à cette mesure, la disparution d'un grand nombre d'escrocs de salons.

On me dira peut-être que les filous, les escrocs, et même les habitués ne se réuniront plus dans les établissemens de ce genre, dès qu'ils sauront que la police y exerce une surveillance continuelle, et qu'alors il devient inutile de donner des permissions, dont le moindre inconvénient serait de créer un scandale de plus.

Je réponds que mon intention, bien caractérisée dans chaque ligne de mon ouvrage, n'est pas de favoriser le jeu, la débauche, ni la prostitution. Tous mes efforts tendent, sinon à les détruire, puisque cela est reconnu impossible, à en atténuer, du moins, les plus fâcheuses conséquences, par le système *homœopathique*, c'est-à-dire en élevant maison infâme contre maison infâme, en les forçant à se placer toutes ostensiblement sur la même ligne, pour qu'aucune n'échappe aux investigations de l'autorité, dans l'intérêt général, et de manière qu'il y ait autant de honte à fréquenter les unes que les autres ; je veux enfin que tous ces repaires soient marqués du cachet de la réprobation et de l'infamie.

Certes, je sais que l'homme qui conserve le moindre sentiment de sa dignité, fuira ces receptacles de désordres, et qu'ils ne seront plus fréquentés que par tout ce qu'il y a de plus abject dans la société ; tant mieux ! ce sera une grande amélioration, et, dans l'éloignement volontaire des filous, par crainte de la surveillance de la police, on doit voir une garantie de plus pour les imprudens entraînés dans des lieux de débauche et de perdition, par des circonstances souvent fortuites ou indépendantes de leur volonté.

Mon dessein, étant d'établir une caisse de secours, sous la dénomination de *masse des repenties*, afin d'en faire la répartition entre les prostituées radiées, et rentrées dans le sein de leurs famille, j'ai dû soumettre les permissions de *soirées* à une taxe de *cinquante francs* chacune, lesquelles seront versées dans la caisse de la Préfecture ; il en sera de même des amendes appliquées à toutes les contraventions.

Cette taxe ainsi que les amendes n'ont rien d'immoral, et l'on peut dire qu'elles passent par un creuset qui les épure, puisque leur destination est de maintenir dans la bonne voie, les filles qui y sont rentrées de bonne foi.

La création de cette caisse me semble si féconde en résultats utiles et moraux, que je la vois d'avance accueilie par les plus honorables suffrages. Je ne doute pas que l'administration s'empresse de l'adopter ; j'ai même l'espérance qu'elle en agrandira les ressources, et qu'elle fera ses efforts pour engager la ville de Paris, et le gouvernement, si besoin en est, à voter des fonds suffisans pour assurer à jamais l'existence de la *masse des repenties*.

Art. 45. Toute contravention de la part des maitresses de maison de tolérance emportera, indépendamment de la suspension provisoire ou définitive, une amende qui sera réglée suivant la gravité de la contravention.

Cette amende, ainsi que la taxe de cinquante francs, mentionnée dans le précédent article, de même que l'amende dont il est parlé dans l'art. 29 du présent réglement, seront perçues par le caissier de notre Préfecture, qui en versera le montant dans la caisse d'épargnes ou dans toute autre caisse publique. Dans l'administration de l'une ou l'autre caisse, sera ouvert un compte courant avec notre dit caissier, sous la dénomination de : *Masse des repenties.*

Art. 46. Lorsqu'une fille publique, étrangère à Paris, aura obtenu sa radiation pour rentrer dans ses foyers ou sous le toit paternel, il lui sera délivré un passeport avec indemnité de route, si elle la demande.

Art. 47. Six mois après sa rentrée dans ses foyers, et sur un certificat du maire de sa commune, duement légalisé, constatant que la conduite d'une *telle* est exempte de reproches, il lui sera compté une somme de *cinquante francs,* par le receveur particulier ou le percepteur de sa commune sur un mandat qui lui sera transmis par nous.

Art. 48. Cette somme de cinquante fr., sera prélevée sur la masse des repenties.

Art. 49. Si la masse des repenties ne suffit pas à ces récompenses, il sera, par nous, demandé au gouvernement un fond de secours qui complètera ladite masse, dont l'importance sera appréciée ultérieurement

Les cinq articles ci-dessus indiqués, sont assez développés par eux-mêmes ; quant aux motifs qui les ont dictés, je renvoie le lecteur au commentaire de l'article 44.

Art. 5o. Tous les mois, il y aura conseil spécial sous notre présidence, et, en notre absence, sous celle du chef de division de l'attribution des mœurs. Chaque membre y apportera le tribut de ses observations, tendant à l'améliorasion du système réglementaire, relatif à l'exercice de la prostitution dans le plus grand intérêt possible de la pudeur publique et de la sécurité des citoyens.

Le Conseil sera composé comme suit :

MM. Le Préfet de police, *Président.*

Le chef de division de l'attribution des mœurs, *Vice-Présid.*

Le Médecin en chef, *Membre.*

Le Médecin en chef adjoint, *id.*

Le Chef du bureau de l'attribution des mœurs, *Secrét.* et *Memb.*

L'Officier de paix, chef des inspecteurs de l'attribution, *Membre.*

Un inspecteur de l'attribution, *Memb*.
Chacun à tour de rôle.

Le procès-verbal de chaque réunion, sera signé pour tous les membres présens, et un jeton de présence sera délivré à chacun d'eux.

Le chef de division de l'attribution des mœurs, le chef de la police municipale et le caissier de la Préfecture, sont chargés de l'exécution du présent, chacun en ce qui le concerne.

On voit que l'article 50 et dernier de mon projet de réglement général rentre dans le domaine de l'administration intérieure. J'ai voulu organiser le conseil de l'attribution des mœurs, de manière à y réunir tous les élémens de renseignemens; c'est pourquoi j'y introduit jusqu'à un simple inspecteur. Je crois qu'une administration ne saurait s'entourer de trop d'intelligences, et avoir recours à trop de lumières. Dailleurs à mon sens, l'inspecteur de l'attribution des mœurs, tous les jours, sinon en point de contact, du moins en présence des maîtresses de maisons, des filles publiques et de leurs familiers, est un des agens qui peut donner les avertissemens les plus utiles, et fournir les plus précieux renseignemens; voilà sous quels rapports je l'admets dans le conseil.

IX.

Prostitution spéciale des mineurs. — Les petites pierreuses.
— Les élèves des écoles dramatiques.— Leur situation précaire. — Leurs actes de débauche.

Loin de moi la pensée que ce projet de règlement général soit sorti de ma plume tel qu'il doit
être adopté par les hommes les plus expérimentés
et les mieux intentionnés. Je le soumets aux admi-

nistrateurs et aux jurisconsultes dont les lumières supérieures pourront jeter un nouveau jour sur des dispositions susceptibles d'être modifiées. Si cet essai a quelque mérite, il est tout dans l'opportunité d'une force répressive contre la prostitution, et dans le but de l'emploi de cette force rendue légale en faveur de la généralité des citoyens.

Je vois le défaut principal de mon réglement : il est incomplet, en ce sens que je n'ai pu poursuivre la clandestinité de la prostitution que là où elle a son organisation qui l'assimile à la débauche publique, et encore ne m'a-t-il pas toujours été possible de signaler tous les repaires dangereux où s'exerce en secret la prostitution aux dépens de la fortune et du repos des familles.

Pour en arriver à une classe particulière de prostituées mineures, j'ai besoin de rappeler celles que leurs mères ou leurs pères envoient, à la nuit close, sur la voie publique, dans l'intérieur de Paris et dans les quartier voisins des barrières, où, vers la fin du jour, ces petites filles de 10 à 15 ans accostent franchement de vieux libertins qui sont quelquefois en relations réglées avec elles, et qui viennent un jour par semaine, à des rendez-vous assignés d'avance. Ces petites filles ont leurs *habitués.*

Elles commencent comme beaucoup de prostituées finissent, en se plaçant dès leur début dans la catégorie des *pierreuses,* à cette différence près, qu'elles n'ont pas encore donné lieu au soupçon d'une association entre elles et des voleurs. Mais, sous le rapport de la débauche, ces malheureuses, à peines sorties de l'enfance, sont sur la même ligne que la créature de 65 ans que mes inspecteurs, ainsi que je l'ai dit, surprirent, presque en flagrant delit, derrière les lions qui décorent la fontaine de la place du Palais de l'Institut.

Jamais ces filles publiques en herbe ne conduisent les hommes chez elles, sans doute parce que leurs parens ne veulent pas paraître complices des infamies dont ils touchent pourtant le salaire, et qu'ils se réservent le moyen, dans une circonstance critique, d'alléguer leur ignorance d'un désordre qu'ils frapperaient alors tout haut de leur blâme hypocrite.

Un vieux libertin aime mieux aussi que ces rencontres se fassent dans l'ombre de la nuit et en plein vent, plutôt que d'attirer ces petites filles chez lui, même lorsqu'il n'a ni femme ni enfans, ni domestiques ; attendu que les visites de ces jeunes prostituées pourraient finir par attirer l'attention des voisins, par faire jaser les concierges, et que, sa demeure une fois connue des *visiteuses,* il y aurait à craindre, de leur part, des indiscrétions qui donneraient trop bien la mesure de sa moralité.

Ces faits sont positifs, mais pour être cachés dans l'ombre, ils ne s'accomplissent pas moins sur la voie publique, et le libertin peut avoir, en lui, le principe d'un mal qui se communique, la petite fille peut en infester d'autres libertins qui le propageront çà et là ; enfin l'attentat à la morale est trop bien caractérisé par de tels actes ; ils entrent dans le domaine de la prostitution clandestine, menacent la société par la présomption de leurs conséquences, autant que tous les autres lieux où l'on spécule secrètement sur la débauche dans l'intérieur de Paris, et doivent conséquemment être réprimés sévèrement, là comme partout ailleurs.

Je n'ai rien dit encore de ces enfans des deux sexes que leurs parens imprévoyans destinent au théâtre. Ces enfans savent à peine lire et écrire lorsqu'ils sont en apprentissage dans des entreprises *ad hoc*, où ils passent au moins six mois sans toucher la moindre paie, pour obtenir ensuite 24 à 30 francs, répartis dans les six mois suivans, 80 à 100 francs pour la seconde année, sans pouvoir jamais prétendre à plus de 1,200 francs d'appointemens annuels, après de longs services.

Or, ces enfans appartiennent presque tous à des familles dans un état voisin de l'indigence ; et, même lorsqu'ils font leur surnumérariat, dans toute la rigueur du terme, il faudrait qu'ils eussent une tenue propre et convenable à la ville comme en scène. On leur fournit des costumes pour jouer leurs rôles, mais excepté le linge, les bas, les souliers et même les habits et les robes de villes, autant que faire se peut.

Comment subvenir à toutes ces dépenses sans recevoir un sou, ou en ne recevant que de quoi payer le porteur d'eau, et lorsqu'il n'y a tout au plus à la maison que l'argent nécessaire à la nourriture quotidienne ? Les petits garçons grugent à droite et à gauche ; quelques-uns sont bientôt des

petits escrocs; ils deviendront plus tard des marlous, et les petites filles se mettent en ligne avec
celles des rues désertes qui avoisinent les barrières.

Malgré les soins que prennent les directeurs de
ces espèces d'écoles dramatiques pour empêcher
que les vols, commis dans leur intérieur, aient du
retentissement au dehors, parce qu'ils savent que tout
l'odieux en retomberait sur eux, on en a signalé
assez souvent et d'une manière assez positive pour
avoir la conviction duement acquise que, dans les
théâtres d'enfans, il y a beaucoup de petits garçons
qui se procurent, par des moyens illicites, le nécessaire que leur refusent des directeurs qui doivent leur fortune aux travaux de ces enfans.

On reconnaît bien vîte ceux qui restent honnêtes,
car il y en a, dieu merci, mais ils sont mal vêtus,
mal nourris; leurs figures pâles et maigres attestent
leur misère autant que la vétusté de leurs vêtemens,
et ils attendent impatiemment la fin de leur apprentissage pour se procurer des bénéfices qu'ils
auraient obtenus plus sûrement en apprenant un
métier utile.

Les jeunes aspirans au titre d'adeptes de l'art dramatique, s'occupent plus, en général, de leur plaisir au jour le jour, que de leur avenir dans la carrière où ils ont été jetés inconsidérément. Ce sont des *artistes*, et il leur faut une existence d'*artistes*, c'est-à-dire, après les études et les travaux de la scène, les passe-temps des cafés ou des estaminets, les dîners en ville, les parties de campagne et même les parties fines!... Oui, des parties fines... Je n'exagère rien, et j'affirme qu'il est peu de ces petits acteurs qui, à 14 ou 15 ans, ne soient initiés dans tous les secrets du libertinage.

Combien d'occasions de dépenses en dehors de celles qui sont inévitables! Pour y subvenir, ils font des emprunts de côté et d'autre; ils dérobent des effets, des costumes dans les magasins du théâtre; ils volent les petites filles qui les accueillent le plus intimement; ils font des dettes chez le limonadier et le traiteur; ils parviennent même quelquefois à obtenir du crédit chez le tailleur et le bottier, en leur déroulant un tableau superbe de leur position dans l'entreprise à laquelle ils sont attachés, leurs parens aidant volontiers à cette supercherie, et, grâce à toutes ces ressources *ingénieuses*, voilà mes petits *artistes*, en tenue élégante, qui passent joyeuse vie, remettant l'acquit de leurs obligations à l'époque où ils gagneront douze mille francs d'honoraires et vingt francs de feux par pièce. Les créanciers doivent être bien tranquilles avec cette hypothèque.

Mais leurs talens ne se développent pas et la fortune leur fait défaut. S'il se trouve un de ces enfans sur cinquante, qui se distingue par des qualités dramatiques, il en résulte des succès, à la fois précoces et passagers. D'ailleurs ces succès sont grossis par l'indulgence qui dicte toujours les jugemens portés sur les représentations des théâtres d'élèves. Un amour-propre mal entendu aveugle ces jeunes *artistes* sur leurs propres comptes ; toute étude, à peu de chose près, leur semble inutile, et ils croient n'avoir qu'à se présenter et à ouvrir la bouche pour mériter les applaudissemens de toute la salle. Cette opinion, en caressant leur vanité, flatte aussi leur paresse et leur penchant au plaisir. Qu'en arrive-t-il? Ces jeunes gens, après avoir perdu un temps précieux et contracté de mauvaises habitudes, arrivent à 20 ou 25 ans, tout au plus capables d'être placés en troisième ou quatrième ligne, encore dans un théâtre secondaire, gagnant, en conséquence, de très-faibles appointemens, et forcés de continuer à faire des dupes, afin de suppléer à ce qui leur manque pour la satisfaction de leurs besoins.

Voilà leur sort, quand les excès d'une débauche anticipée ne les entraînent pas au tombeau avant d'avoir atteint leur vingtième année ; les exemples viendraient en foule sous ma plume, si je ne m'étais pas fait une loi d'éviter toute personnalité malgré le peu de considération que méritent, et les parens qui exposent leurs enfans à tant de chances malheureuses quand il y en a si peu de favorables, et certains directeurs d'établissement de ce genre, qui n'apprécient dans un élève, que ce qu'il rapporte à leur caisse, sans s'inquiéter de sa vie présente pas plus que de son avenir.

Les petites filles, de leur côté, tout aussi dépourvues que les garçons des moyens pécuniaires incessamment réclamés par les exigences du théâtre, se trouvent disposées à entrer dans les vues du premier libertin venu qui consent à payer leurs complaisances, quand elles ne vont pas elles-mêmes au-devant de lui, ce qui est le plus ordinaire.

Dès qu'elles ont remarqué un *monsieur* dont les allures annoncent quelques intentions sur elles, il n'est pas de manége de coquetterie que chacune n'emploie pour l'emporter sur ses rivales.

Dès qu'elles ont eu occasion de voir une autorité supérieure d'un théâtre qui pourait se les attacher un jour, ou un auteur dont elles obtiendraient plus tard de beaux rôles, pour peu qu'il leur fasse quelques avances, celle qui rencontrera en suite, étant seule, le directeur ou l'auteur, ne manquera pas de lui rendre ses avances au centuple. Si la rencontre se fait en lieu propice, il faudra au vaudevilliste ou au chef suprême d'une administration théâtrale, des principes plus forts qu'une passion brutale pour ne pas arriver au dénouement de l'a-venture, ces petites actrices s'assimilant presque tou-jours aux jeunes prostituées dont j'ai parlé au com-mencement de ce chapitre. Je ne puis m'expliquer autrement dans la crainte de rendre trop diaphane le voile qui couvre les plus dégoûtantes turpitudes, bien qu'il y ait, pour moi, nécessité de les dénoncer. J'ai entendu répéter, par l'ami d'un directeur, que celui-ci avait été accosté, un soir, par une de ces petites filles, qui le soupçonnait d'avoir remarqué une de ses camarades, et qui, en lui offrant ses services particuliers, les préconisait aux dépens des services de la première, en extrant dans des détails orduriers au de-là de toute imagination, et comme on n'en entendrait pas souvent dans les maisons de prostitution du plus bas étage. Comment aborder un tel sujet ? J'ose à peine l'indiquer avec réserve, en gardant l'espoir que je serai compris par ceux qui doivent me comprendre pour m'aider à atteindre le but que je me propose.

Cependant on remarque, au milieu de ces jeunes débauchées, quelques enfans pudiques, se berçant de l'espérance qu'elles passeront leur noviciat de coulisses, sans avoir besoin d'aucun secours honteux. Il n'est pas de privations qu'elles ne s'imposent ; il n'est pas de travaux d'aiguille auxquels elles ne s'adonnent entre les répétitions et les spectacles, pendant les entr'actes et une partie des nuits, pour satisfaire aux nécessités de leur état. Mais tout cela ne suffit pas, et on les reconnaît de même que les petits garçons honnêtes, à leur mise pauvre autant qu'à l'air de souffrance répandue sur leurs traits.

Gardons-nous de les confondre avec celles dont l'extérieur, aussi misérable, est encore plus négligé, et accuse un désordre complet. Voyez-vous, sur le boulevart, cette jeune fille de 14 à 15 ans? Sa robe est tâchée, sa collerette mal propre, ses bas sont troués; elle n'a que des savattes aux pieds, et, avec tout cela, elle porte une écharpe et un chapeau : à la vérité, c'est tout au plus si un chiffonnier les ramasserait au coin d'une borne. Eh bien! cette jeune fille est au théâtre..... où elle fait ses études dramatiques en tenant un emploi, moyennant *dix francs* par mois. Hors du théâtre, elle est incapable de nettoyer sa robe, de raccommoder ses bas et de blanchir sa collerette. Mais elle sait qu'une *actrice* doit avoir un *amant* qui la mette dans ses meubles, et qui paie, pour elle, les mémoires du marchand de nouveautés et de la modiste, sans compter le casuel en argent, en bijoux, en promenades au bois et en collation à la campagne. Elle soupire après cet *amant*, et, dans une telle expectative, elle promène ses folles rêveries sous des dehors peu intéressans, malgré son maintien humblement mélancolique, en harmonie avec sa mise, parce que sa physionomie exprime plutôt le dépit de sa position que la tristesse qui serait la suite d'infortunes non-méritées.

Qu'elle trouve ce qu'elle cherche, ou seulement des hommes à caprices, et la métamorphose sera bientôt complète. Une tenue de grande dame remplacera le costume pauvre ; des airs de hauteur succéderont au ton d'humilité, et cette fille née dans une loge de portier, qu'elle habite encore avec sa mère, ne parlera que de sa première enfance passée dans de riches salons, au milieu de la bonne compagnie, et des malheurs inouis qui ont accablé ses parens, au point de la contraindre à descendre jusqu'au théâtre pour se préparer un avenir et pouvoir entourer de soins la vieillesse de sa *respectable mère*.

La rouerie de ces jeunes filles est vraiment incroyable. Il est vrai que la *respectable* mère a tant d'expérience, et la coquetterie de la fille la dispose tellement à recevoir des instructions, abondant dans son sens, qu'il faut bien admettre la vraisemblance d'un système *hâbleur* dont on fait tous les jours des essais plus ou moins heureux, non-seulement au théâtre, mais encore dans toutes les autres classes de la société.

Quoiqu'il en soit, un assez grand nombre d'apprenties dans l'art dramatique se trouvent dans la catégorie précédente. C'est le besoin qui les pousse au libertinage, et tant qu'elles ne sont pas nubiles, elles se livrent aux mêmes actes de prostitution que leurs compagnes ci-dessus désignées, pour entrer dans la classe des femmes galantes lorsque l'âge leur permettra de donner toute l'extension possible à leur débauche. C'est là, où je voulais en venir.

Or, je crois que l'inconduite de ces petits garçons et de ces petites filles n'est pas hors de la portée de la surveillance de l'administration, en ce qu'elle est préjudiciable à autrui et en ce qu'elle porte atteinte à la pudeur publique.

L'art ne gagne rien à l'existence des théâtres d'élèves, au contraire ; car s'ils fournissent un sujet de mérite sur cent, c'est tout au plus, et ce sujet monterait à son apogée en suivant toute autre route : le vrai mérite, dans chaque spécialité, se fait jour en dépit des obstacles qu'on lui oppose.

Sur cent élèves, il y en a donc tout au plus un seul qui arrive à la célébrité ; quelques-uns acquièrent la routine de la scène ; ils ont, ce qu'on appelle du métier ; mais ils ne peuvent jamais sortir du cercle de la médiocrité ; tout le reste est d'une faiblesse incurable. Les écoles dramatiques ne font donc que fausser l'existence d'un grand nombre d'individus en leur ouvrant une carrière difficile dans laquelle leur organisation ne les appelle pas, et ces écoles provoquent une juste censure, puisqu'en faussant l'existence d'un grand nombre d'individus, elles les poussent à des actes qui blessent la morale publique et l'intérêt de la société.

Il n'entre pas dans le plan de mon ouvrage de chercher à découvrir les motifs qui justifieraient, je ne dis pas la protection, mais seulement la tolérance du gouvernement en faveur des écoles dramatiques ; ces motifs doivent exister puisque la tolérance existe ; car si l'une n'était pas la conséquence des autres, on ne comprendrait pas l'ouverture de plusieurs établissemens au profit de quelques spéculateurs, et au préjudice d'un grand nombre de jeunes gens et de jeunes personnes exposées, d'abord par aveuglement, ensuite par nécessité, à devenir nuisibles à la population qui les environne, soit par des abus de confiance ou des escroqueries, soit en élargissant la plaie de la prostitution.

J'admets donc l'existence des motifs de tolérance, favorables aux théâtres d'élèves, sans prétendre les connaître pour en faire une juste appréciation en regard des inconvéniens inhérens à ces sortes d'entreprises; mais je ne pense pas que ce soit une raison pour fermer les yeux sur les vices qui pullulent dans les écoles dramatiques, ou pour voir avec indifférence des petits garçons et des petites filles devenir, par anticipation, des filous et des prostituées, parce qu'il est impossible qu'il en soit autrement dans leur position sociale, et avec le système de gestion adopté dans les théâtres d'élèves.

Les directeurs de ces théâtres ne sont que des spéculateurs; la question d'argent est tout pour eux : voilà la source du mal. S'ils donnaient à leurs élèves une instruction élémentaire qui leur manque, et qui me semble indispensable à la profession à laquelle ils se destinent, cette instruction développerait leur intelligence et favoriserait leurs progrès, ou deviendrait une honnête ressource, dès que leur incapacité dramatique ne leur laisserait aucune perspective satisfaisante à la scène.

Si un directeur accordait le strict nécessaire à ses élèves qui lui sont productifs dès le premier jour de leur entrée sur son théâtre, ils n'auraient pas besoin, pour se procurer ce strict nécessaire, d'avoir recours à des moyens subversifs de toute morale, de tout principe d'honneur, et dont les conséquences effrayantes sollicitent l'attention de l'autorité.

Je pense que l'administration publique ne laissera pas les choses dans l'état où elles sont. Quand elle s'occupera de réprimer la débauche et d'en prévenir les conséquences les plus dangereuses pour la société, il lui sera impossible d'oublier les écoles dramatiques, si elle veut remonter à une des sources du mal. Il ne lui faudra qu'une volonté ferme pour le combattre avec avantage dans l'intérêt de la population, soit qu'elle fixe elle-même une solde progressive aux élèves, soit qu'elle admette les motifs des directeurs pour ne pas les payer, et qu'elle défende l'entrée de ces écoles aux enfans dont les familles sont dans un état nécessiteux. Enfin elle peut ordonner la fermeture de ces petits théâtres, non-seulement comme inutiles à l'art, mais encore comme nuisibles à la société par la mise en circulation d'un grand nombre d'individus déplacés dans la sphère dramatique, et qui n'y trouvant pas de quoi satisfaire leurs besoins, et étant incapables de faire autre chose, ne peuvent que devenir dangereux pour tous ceux avec qui les circonstances les mettent subséquemment en relations.

Si l'autorité, poussant à l'excès ses concessions en faveur des existences acquises, même lorsqu'il s'agit de quelques individualités préjudiciables à des agglomérations d'hommes, si l'autorité, dis-je, continue à tolérer des établissemens qui n'atteignen pas leur but avoué, et vont, par des chemins couverts, à un autre but qu'on n'avouerait pas, elle n'hésitera pas sans doute à prendre des mesures vigoureuses pour assainir, autant que possible, ces établissemens ; car, jusqu'à ce jour, si personne ne les a mis en parallèle avec les maisons de prostitution, on a pu dire, en toute sûreté de conscience, qu'ils étaient un point de départ pour y arriver, et que les élèves y sont moins disposés aux études dramatiques qu'à l'apprentissage de la débauche.

C'est pourquoi j'appelle sur eux l'attention des magistrats habiles à sévir contre des petits filous moins pervertis que certains élèves d'une école dramatique, et contre des filles mineures, se livrant à la prostitution clandestine , moins débauchées que certaines petites actrices attachées à un théâtre d'élèves. Ces apprentis de théâtres sont peut-être plus dangereux que les autres, en ce que ceux-ci courent franchement les risques de leurs méfaits, ·et que les premiers les esquivent en se retranchant derrière des moyens illusoires d'existence (1).

(1) Je dois une bonne partie de ces observations à plu-

Je ne voudrais pas que le lecteur appliquât ces observations seulement à quelques entreprises de ce genre ; c'est pourquoi je le préviens qu'à côté de certaines écoles dramatiques je place les comédies bourgeoises et les spectacles accidentels des environs de Paris, composés d'industriels et d'ouvrières, la plupart de celles-ci ayant déjà fait plus d'un faux pas, et saisissant toutes les circonstances qui leur permettent de renouveler leurs essais dramatiques, non pour se faire un état, mais pour avoir de fréquentes occasions de se livrer à la débauche dans le but de satisfaire leur coquetterie. Elles acquièrent du talent si leur organisation s'y prête, si le hasard les sert ; mais c'est là ce qui les occupe le moins.

Ces comédies bourgeoises et ces spectacles ambulans, dans un cercle de plusieurs lieues aux en-

sieurs articles insérés dans la *Revue des théâtres*, en 1836. Ces articles m'avaient été signalés, comme dictés par une connaisance approfondie de la spécialité, et renfermant des vues d'une haute portée dans les intérêts parfaitement conciliés de l'art et de la morale. Je partage cette opinion, et je présume qu'elle sera également celle de tous les honnêtes gens.

virons de la capitale, sont des spéculations comme les théâtres d'élèves, à cela près que les comédies bourgeoises n'ont pas de bureaux ouverts et font payer, à domicile, le droit d'entrée. Le préposé à la recette distribue des lettres d'invitations qu'il rapporte au directeur quand les personnes à qui elles sont adressées refusent d'y répondre en lui remettant le prix d'entrée, et qu'il laisse à celles qui lui soldent d'avance la somme convenue en échange de chaque lettre. Ainsi, aux yeux de l'autorité, les comédies bourgeoises ne sont que des soirées de familles, des réunions d'amis où les uns se divertissent en amusant les autres *gratuitement,* tandis que dans ces théâtres, il y a, comme dans les écoles dramatiques, un gérant qui spécule, des ouvriers et des ouvrières qui se dérangent, et le résultat est forcément le même dans les uns et dans les autres. Car les débutans sur les théâtres improvisés dans la chambre d'un quatrième ou dans les bourgs des environs de Paris, appartiennent aux mêmes classes que ceux qui font leur apprentissage dans les écoles dramatiques, et chaque spectacle les oblige tous à des dépenses auxquelles leurs propres moyens ne pourraient suffire. De là, les mêmes fautes que j'ai reprochées aux personnes des théâtres d'élèves; de là, l'urgence des investigations les plus actives contre des établissemens, nuisibles à l'art, en ce qu'ils provoquent l'accroissement à l'infini de mauvais acteurs, et d'actrices détestables, et plus nuisibles encore à la morale publique et à la sécurité des familles, en ce qu'ils favorisent les égaremens de la jeunesse, pour l'entraîner plus tard dans des voies de perdition au préjudice de la société.

Je sais que les comédies bourgeoises ne sont plus tolérées; mais il s'en organise encore en secret. Je n'ignore pas que les spectacles accidentels des environs de Paris sont à peu près tombés d'eux-mêmes, par le fait des désordres qui s'introduisaient dans des représentations presque toujours incomplètes; mais la fièvre théâtrale, malgré ses intermittences, n'est pas arrivée à son dernier accès, et j'ai dû en signaler la progression, même descendante, dans la crainte d'une nouvelle intensité, non-seulement pour prouver l'existence du principe

les vices d'immoralité que je combats de toutes
nes forces, mais encore pour étendre l'application
le mes remarques à toutes les entreprises d'où
urgit ce principe fatal à l'enfance et à la jeunesse,
ıvant de l'être à la population entière.

X.

Différence dans l'emploi des proxénètes au théâtre et dans les maisons de débauche. — Les habilleuses, les femmes de postes, les mères d'actrices.—Impudeur des dernières. — Une actrice vendue par sa mère.—L'actrice de New-York.

Nous trouverons toujours des traits de ressemblance entre les commensales des maisons de tolérance et les actrices galantes : celles-ci ont des proxénètes commme les premières ; mais les entremetteuses ont rarement besoin, dans les théâtres, de toutes les ruses nécessaires aux pourvoyeuses des bazars de débauche disséminés dans tous les quartiers de Paris. Ici, il faut tendre des piéges à l'innocence, et souvent la tâche est difficile. Là, l'innocence est presque toujours équivoque; c'est quelquefois l'actrice qui va au-devant de l'entremetteuse, et les relations sont bientôt établies. Quand les proxénètes ont mission de sonder les dispositions d'une jeune comédienne qui ne veut pas se jeter dans les égaremens du libertinage, l'affaire ne traîne pas d'avantage en longueur; car l'actrice la plus sage sait parfaitement à quoi s'en tenir sur la nature des propositions qui lui sont faites; l'ignorance, sur ces sortes de choses, est impossible dans les coulisses. En conséquence, on s'en explique franchement, *cartes sur tables*, et l'actrice répond que cela ne lui convient pas; mais fût-elle blessée au vif de se voir l'objet de sollicitations pareilles, elle n'en fait rien paraître, et même plus ses principes pudiques ont de profondes racines dans son cœur, plus sa réponse aura un cachet d'indifférence. Elle priera seulement les pourvoyeuses de ne plus se charger, à l'avenir, de semblables commissions pour elle.

Ces proxénètes sont ordinairement des habilleu_ses, des femmes de postes, qui, en recevant les contre-marques, reçoivent aussi les billets doux des galans, et se chargent volontiers, moyennant bonne récompense, de les remettre à leur adresse et d'ajouter verbalement à l'amoureuse épître, tou ce que leur éloquence leur fournit de plus entraînant pour le bonheur d'un *homme aimable* et d'une *femme sensible*. Mais le plus souvent ce sont les mères elles-mêmes des actrices qui se chargent de procurer des amans à leurs filles.

Après les détails que j'ai donnés sur les proxénètes commissionnées par les directrices de maisons de débauche, et les nuances que j'ai signalées entre elles et les entremetteuses exerçant dans les théâtres, je n'ai rien de particulier à ajouter sur le compte de celles-ci; mais je ne puis passer outre sans indiquer au lecteur quelques traits distinctifs qui caractérisent les mères d'actrices, trafiquant de la débauche de leurs enfans.

C'est une monstruosité effroyable que cet étouffement de tout sentiment maternel, qui porte une femme à jeter sa fille dans un gouffre de douleurs et de misères, avec l'espoir d'améliorer leur sort, tandis qu'un état plus misérable encore doit-être la suite inévitable d'une existence semée d'excès et de désordres.

Mais la mère qui conduit sa fille dans une maison de tolérance ou au coin d'une rue, ne décline pas sa parenté avec l'enfant qu'elle perd en se déshonorant elle-même ; elle livre sa fille pour de l'argent, sans dire : je suis sa mère, et on ne le sait que lorsqu'une contravention a provoqué une arrestation, un rapport et des enquêtes.

La mère d'une actrice est bien plus avancée en mœurs dissolues. Elle vend sa fille en disant : c'est ma fille ; et, dans ses abominables transactions, elle montre un aplomb incroyable. Elle débat les conditions d'une alliance de passage comme les clauses d'un engagement dans lequel on stipule des honoraires mensuels et des gratifications. A son sens, c'est une chose reçue ; la pudeur n'est plus, dans son opinion, qu'une vertu décrépite et sans force contre le désir de briller, d'écraser un moment toutes les autres actrices par un luxe exagéré, et de se procurer, pendant quelques jours, toutes les aisances de la vie.

Ces mères infâmes ont leurs idées fixes et vont droit à leur but, quand elles croient avoir affaire à quelqu'un qui a des vues sur leurs filles. Voici ce que m'a raconté un de mes amis qui se trouvait un soir, dans les coulisses d'un théâtre, auprès de monsieur D...... ancien négociant, faisant la conversation avec une femme dont les traits accusaient au moins la cinquantaine. Monsieur D...... était connu pour un bon père de famille, pour un époux de mœurs irréprochables; il avait alors ses soixante ans bien sonnés, mon ami fut d'abord surpris de le voir dans un lieu semblable; mais ensuite il apprit qu'il avait dîné, ce jour-là, chez le directeur, et qu'au dessert, il avait témoigné l'envie d'observer, une fois, l'intérieur d'un théâtre. Il était donc là, en simple observateur, et voici le dialogue qu'il entendit entre lui et ladite femme:

— Cette jeune personne est votre fille; je vous en fais mon sincère compliment.

— Monsieur est trop bon; elle en est encore à ses débuts; c'est son second rôle qu'elle joue.

— Elle est fort gentille ; elle a des dispositions : je lui prédis de beaux succès.

— Ah ! monsieur, vous ne savez pas combien il est difficile de parvenir au théâtre. Si les directeurs étaient raisonnables... mais ils ne paient pas les commençantes, — et il y a tant de dépenses...

— Vous n'avez donc pas quelques petites ressources...

— Que voulez-vous, mon cher monsieur, la pauvre veuve d'un peintre en miniature..... et puis quand on a des principes, quand on tient à son rang..... d'abord ma fille n'est pas capable de s'encanailler...

— C'est bien, madame, tenez, voilà pour acheter un costume à votre enfant. *(M. D...... lui donna deux pièces de quarante francs).*

—Merci, mon cher monsieur, nous demeurons dans la rue..... N ...!!!

Ma plume se refuse à tracer la suite des paroles provocatrices de cette indigne mère, dans le but de prostituer sa fille.

Mon ami ajouta que M. D... stupéfait de cette

brusque ingénuité du vice, s'éloigna sans y répondre, chercha la porte et il court encore.

D'autres marâtres du même genre font l'éloge le plus bizarrement immoral de leurs précautions en servant de guides à leurs filles dans la carrière des intrigues galantes. Elles repoussent les acteurs et les auteurs, parce que les preuves de leur amour ne sont pas *sonnantes*, et, à fortune égale, elles préfèrent un vieillard à un jeune homme, et un homme marié à un garçon, attendu que le vieillard a moins d'exigence, qu'il est plus facilement soumis aux caprices de sa maîtresse, et que l'homme marié, également généreux, a des ménagemens à garder qui donnent à sa belle tout le temps nécessaire pour le tromper. La mère choisit surtout ce dernier, et dans l'intérêt de l'avenir de sa fille, elle ose exprimer tout haut le désir qu'il naisse des fruits de l'adultère, en les regardant d'avance comme un lien de plus qui autorisera la maîtresse à obtenir de son amant une donation suffisante pour assurer son existence.

Il me semble qu'il serait impossible d'inventer de pareilles turpitudes, et leur singularité même force à y croire. D'ailleurs que l'on interroge des personnes raisonnables et désinteressées, qui ont de fréquentes relations avec les théâtres, et l'on aura promptement la certitude que je reste en deçà, plutôt que d'aller au-delà de la vérité.

L'orsqu'on est obligé d'entrer dans les excès de la dépravation pour composer un ouvrage utile, on arrive à des détails que l'on ose à peine aborder, et l'on rencontre des particularités que la plume a de la répugnance à écrire, malgré l'intention constante et positive qui vient toujours en aide à la justification de l'auteur.

Cependant il est des choses que je ne puis m'empêcher de dire pour appuyer mes argumens, et en tirer toutes les conséquences au profit de la société, c'est le point que je ne perds pas de vue; c'est le but de tous mes efforts.

Lecteur, si votre appartement était contigu à celui d'une de ces actrices galantes, vous entendriez souvent des discussions chaudes entre la mère et la fille; elles roulent presque toujours sur le choix d'un amant. L'un plaît à la mère, parce qu'il est riche, et déplaît à la fille parce qu'il est laid. Une autre fois, il s'agit de propositions reçues par la mère, quand la fille est déjà pourvue. Il arrive que celle-ci les repousse et qu'elle veut s'en tenir à son *monsieur*, soit par attachement véritable, soit pour éviter des excès nuisibles à sa santé. La mère, qui ne voit que les produits de la débauche, n'admet ni la constance, ni les ménagemens, et comme elle a dans la tête, les fumées de quelques spiritueux que ces *respectables* dames affectionnent particulièrement, la dispute prend un caractère sérieux qni va quelquefois jusqu'aux voies de fait. Voilà ce que je ne puis qu'indiquer, car, pendant de telles scènes, on entend des propos d'une obcénité si effroyable, qu'aucune langue ne pourrait fournir à l'écrivain de la science la plus consommée, des périphrases et des circonlocutions pour donner l'aperçu de ce dialogue *ab iratò*, d'une manière convenable.

En pareille occasion, les proxénètes de leurs filles seraient capables de leur donner le coup de la mort. Je suis d'autant plus porté à cette croyance que ces mères sans entrailles, on en a mille preuves, n'hésitent pas à jeter leurs enfans dans la débauche avant l'époque de leur nubilité, et, par-là, avancent souvent le terme de leur vie.

On m'a cité une de ces malheureuses actrices que sa mère avait livrée à un *protecteur* qui lui avait facilité l'accès d'un théâtre, lorsque sa treizième année n'était pas encore accomplie. La pauvre enfant devint mère à quinze ans. Depuis ses couches, sa santé ne s'est jamais rétablie parfaitement. La nécessité la força de continuer son service à la scène, et de chercher, dans des intrigues galantes, un supplément aux ressources insuffisantes de sa paie comme actrice, et afin de soutenir sa famille. Cette victime de la barbarie maternelle est morte à l'âge de vingt-trois ans. Ce n'est pas que je lui donne des regrets ou que je la plaigne d'avoir disparu avant le temps marqué par la nature, puisque sa mort anticipée l'a délivrée de tous les maux qui accompagnent la débauche, mais la cause de sa mort n'attire pas moins la commisération sur sa mémoire, et n'inspire pas moins des pensées pénibles; car la pierre qui couvre sa tombe cache le crime d'une mère.

Il est digne de remarque que ces actrices, presque toujours en mauvaise intelligence avec leurs mères, dans leur intérieur, et pour des causes géralement fort peu honorables pour celles-ci, les préconisent sans cesse en public, et leur prêtent toutes les vertus qu'elles n'ont pas, opposées aux vices qu'elles possèdent au grand complet. Est-ce par bienveillance aveugle en faveur de leurs mères ? Est-ce pour se donner à elles-mêmes des qualités filiales dont l'effet, dans l'opinion, les indemnise de l'impression que produit immanquablement leur inconduite ? Je l'ignore. Toujours est-il qu'une actrice, en mille circonstances, se montre aux petits soins pour sa mère qui l'a perdue, et qui l'enfonce, chaque jour davantage dans la fange de la débauche. Elle la défend avec énergie contre tous ceux qui hasardent des mots piquans sur son compte; si elle parle d'elle au théâtre le lendemain d'une scène, à huis clos, comme celle que j'ai indiquée ci-dessus, l'actrice épuise tout un vocabulaire d'amour et d'adoration pour faire l'éloge de sa mère, et quand la vieille, enfin, est arrivée au bout de sa carrière, il faut quinze jours de solitude à sa fille pour laisser un libre essor au premier élan de sa douleur. Tout cela n'est que comédie.

Mais il n'est pas sans exemple qu'une comédienne se place en dehors de ces démonstrations hyperboliques, par cela seul qu'elle aura su, tout d'abord, se soustraire à une tutelle infâme, avec la ferme volonté de fournir sa carrière honorablement. Alors le caractère de la mère, trompée dans ses calculs d'entremetteuse, se développe avec toute l'atrocité dont elle est capable, et son enfant ne peut fuir le malheur, ne peut échapper à une fin déplorable, soit qu'elle résiste ou qu'elle cède à une influence immorale.

Quelle calamité qu'une mère spéculant sur la prostitution de sa fille!

Un fait récent vient à l'appui de ce que j'avance.

Il s'est passé à New-York au mois de juin de l'année dernière, et je le raconte d'après les journaux de cette ville :

« Nous déplorons la triste fin d'une jeune fille qui avait obtenu, l'année dernière, sur le théâtre de notre ville, les succès les plus brillans et les mieux mérités. Cette artiste était apparue sans nom devant le public ; car une légitime pudeur ne lui permettait pas d'avouer celui que la fatalité lui avait donné. Aujourd'hui, toute réticence est inutile, et nous devons dire qu'elle était née d'une femme qui, après avoir trafiqué de sa jeunesse et livré son corps au public, a fondé, et dirige encore à New-York, une maison de prostitution qu'elle avait, sans doute, espéré achalander en vendant les attraits de ses deux filles, fruits innocens des vices de leur mère.

L'une d'elles, dont nous avons admiré la beauté, applaudi le talent, et que nous dénonçons comme complice de la mort de sa jeune sœur, miss Clifton, parvint à se soustraire à cette existence ignominieuse, en embrassant la carrière du théâtre où elle avait obtenu une réputation assez brillante pour être au-dessus de la basse jalousie dont elle vient de se rendre coupable. L'autre, miss Louisa Missouri, désireuse aussi d'échapper à la honte, enthousiasmée par les succès de sa sœur, entraînée par une même vocation, s'échappa de la maison de sa mère et se fit actrice. Tout le monde, l'hiver dernier, a voulu voir et applaudir la jeune débutante dans le drame d'*Ernest et Maltravers*, où elle remplissait si admirablement le rôle pathétique.

Ce succès amena la perte de miss Missouri, en éveillant la cupidité de sa mère, qui comprit avec quel avantage elle pouvait spéculer sur une pareille fille, et la jalousie de miss Clifton qui ne vit dans sa sœur qu'une rivale dangereuse. De là, les faits suivans dont nous pouvons garantir l'exactitude, car ils ont été constatés par une enquête judiciaire, faite quelques heures après la mort de la malheureuse Louisa.

Joséphine Clifton écrivit à sa mère, avec laquelle elle était, à ce qu'il paraît, toujours en relations, de faire tous ses efforts pour éloigner Louisa du théâtre, sinon à jamais, au moins pendant quelque temps. Madame Miller, pour complaire à sa fille aînée, employa d'abord les sollicitations les plus importunes auprès de sa cadette, et, ne pouvant réussir, menaça de la mettre à la torture. En effet, a dit solennellement Louisa avant de mourir, dès ce moment, elle eut à supporter de sa mère les plus cruels tourmens : elle fut pri-

vée de nourriture, dépouillée de ses vêtemens
empêchée de voir les personnes qu'elle connaissait, placée sous la surveillance des négresses qui
servaient les filles publiques de madame Miller ;
en un mot elle fut emprisonnée dans une maison
de prostitution , Harrison Street, 34.

Une des femmes chargées de la garder, tou-
chée de l'affreuse position de cette jeune fille, prit
sur elle-même d'aller informer, de tout ce qui se
passait , l'éditeur d'un journal de New-York. Nous
ne savons pas lequel. Le journaliste se rendit immédiatement chez le *recorder*, Robert-L. Morris,
pour lui dénoncer le fait, et celui-ci délivra sur-
le-champ un *writ of habeas corpus*, qu'il en-
voya au juge Bloodgood, avec ordre de prendre
toutes les mesures nécessaires pour délivrer miss
Missouri , et de la lui amener le lendemain matin. M. Bloodgood se rendit le soir même auprès
de Louisa qui , le lendemain, comparut devant
le *recorder*, auquel elle demanda de vouloir bien
lui nommer un tuteur légal. M. Charles O'Connor
fut choisi pour son conseil, et M. Bloodgood con-
sentit , sur les sollicitations de Louisa et du *re-*

corder, à être son tuteur légal. Il la conduisit lui-même dans une pension respectable (Broad way-house) chez M. Warner, au coin de Crosby et de Houston Streets. Mais elle y fut bientôt découverte par sa mère qui vint, escortée des filles de sa maison, la poursuivre de ses invectives, la menaçant de la tuer si elle reparaissait encore sur un théâtre.

M. Warner ne voulant pas supporter ces scènes scandaleuses, déclara à miss Missouri qu'elle ne pouvait pas rester plus long-temps chez lui; et ses reproches furent si violens que Louisa sortit sur-le-champ dans le plus grand désespoir, et se réfugia chez M. Hamblin. Cette démarche a soulevé contre elle des accusations scandaleuses. Que pouvait-elle faire cependant? M. Hamblin l'avait soustraite, enfant encore, à l'influence pernicieuse de sa mère; il lui avait continué les leçons qui avaient été si utiles à miss Clifton; il l'avait lui-même présentée en public; c'était pour elle que madame Hamblin (miss Medina) avait écrit *Ernest et Maltravers*; elle était, en quelque sorte, leur fille d'adoption.

C'était chez eux qu'elle devait naturellement chercher un refuge provisoire.

Les émotions violentes qu'elle avait éprouvées al-
térèrent subitement sa santé. Dès le lendemain de
son arrivée chez M. Hamblin, elle fut dangereuse-
ment malade et incapable d'être transportée ailleurs. Cependant, grâce aux soins des docteurs Per-
nell, Doane et Francis, on cessa bientôt de craindre
pour sa vie.

Ce fut pendant sa maladie que parut, sous forme
de journal, un infâme libelle, *le Polyanthos.* On
s'efforça vainement d'empêcher que les plus atroces
calomnies, vomies par son propre frère, ne par
vinssent jusqu'à elle; le hasard ayant mis entre ses
mains un exemplaire du *Polyanthos,* l'émotion
que lui fit éprouver cette lecture fut si forte, qu'elle
tomba sans connaissance sur le parquet. Depuis
lors, on a eu aucun espoir de la sauver, et elle est
morte samedi, à deux heures, dans les accès d'une
fièvre cérébrale.

Lorsque la mort de Louisa a été connue, un at-
troupement considérable s'est porté devant la maison de M. Hamblin que l'on accusait, sur la foi des

mensonges du *Polyanthos*, de la fin tragique de cette jeune artiste qui, dans sa courte apparition, avait su gagner la sympathie du public. Le frère de Louisa, Nelson Miller, entra dans la maison de M. Hamblin, qu'il menaça hautement de la mort en présence du cadavre de sa sœur. Chassé par quelques personnes qui se trouvaient là, il revint bientôt armé d'un pistolet dont il aurait sans doute fait usage, si on ne l'eût arrêté sur-le-champ, et conduit en prison jusqu'à ce qu'une enquête eût été faite.

C'est cette enquête, demandée et obtenue par M. Hamblin, qui a établi les faits que nous venons de rapporter. Le verdict du *coroner* a été celui-ci: « La » décédée, miss Missouri, est morte par suite d'une » inflammation du cerveau, causée par une excitation » mentale que l'on doit attribuer à la conduite vio- » lente de sa mère, et à la publication d'un article » coupable dans le *Polyanthos*. » Ce verdict a été conforme à l'opinion du médecin. Nous ignorons s'il a été pris aucune mesure à l'égard de M. Dixon, éditeur du libelle. »

XI.

Ruses d'actrices galantes pour rendre leurs intrigues plus fruc-
tueuses. — Association avec une maîtresse d'hôtel garni.—
Tullie, le joueur et la petite danseuse.

On voit, au théâtre, des actrices galantes plus
âpres à la curée que toutes les autres, et capables
de dévorer *la banque de France,* selon la locution
vulgaire. Elles tireraient de l'huile d'un mur. Est-

ce un auteur qu'elles exploitent? S'il n'a pas d'argent, elles se font passer la propriété d'un ouvrage; l'auteur signe qu'il a reçu de l'actrice une somme, en vertu de laquelle celle-ci se met en son lieu et place pour toucher le montant du bordereau mensuel des représentations dudit ouvrage. Un autre amant se fait-il tirer l'oreille pour dénouer les cordons de sa bourse? Elle ne s'en plaint jamais, mais selon le caractère de l'individu, elle a, dans son imagination, une foule de ruses pour l'amener à son but. Voilà un échantillon de ces expédiens : Une camarade d'une actrice des boulevarts était engagée au théâtre de Grenoble, elle reçut de Paris une lettre de son amie, jointe à la copie d'une autre lettre, avec invitation de faire transcrire la copie, et de la lui retourner comme si cette lettre lui était adressée de Grenoble. La missive arrive, et, dès le lendemain, la femme-de-chambre de notre actrice, au courant de l'affaire, rencontre, *par hasard,* l'amant de sa dame. « — Où allez-vous, Louise? — Oh! monsieur, que je suis désolée que vous m'ayez vue! — Pourquoi donc? — Madame va me gronder. — Qu'est-ce que cela veut dire? — Je perdrai ma place , c'est sûr. — Mais expliquez-vous... qu'est-ce que vous portez dans votre tablier? — C'est l'argenterie de madame. — Et où portez-vous cela? — Au Mont-de-Piété. — Quel malheur est donc arrivé? — C'est une lettre... — Retournez à la maison; j'y serai dans un quart-d'heure. »

Il arrive en effet, et trouve sa belle plongée dans une tristesse de commande qu'elle feint de dissimuler. Aux premières questions de son amant, elle fulmine contre sa femme-de-chambre qui n'a pas pris le chemin qu'elle lui avait tracé pour éviter la rencontre de *monsieur*. Puis elle se radoucit et montre à son amant la lettre qui lui apprend que madame ***, sœur de lait de sa maîtresse, vient d'être incendiée à Grenoble , où , depuis son veuvage, elle s'était établie marchande mercière. Une sœur de lait! est-il possible de ne pas aller à son secours? On ne voulait pas parler de cela à un *ami* si bon, si généreux; c'eût été indiscret. Cette confidence aurait pu être mal interprétée, et, d'ailleurs, il était naturel de s'imposer momentanément la privation de quelques pièces d'argenterie pour envoyer *six cents francs* à la sœur de lait, afin de

l'aider à réparer ses pertes en r'ouvrant une nouvelle boutique.

L'*ami* est pris au traquenard ; trente napoléons sont comptés à la fine mouche ; on se confond en remerciemens, en témoignages de reconnaissance , et dès que la porte est fermée sur les talons de la dupe , la dame et sa camériste se tiennent les côtes à force de rire de sa crédulité.

Une actrice de cette trempe se sert rarement d'entremetteuse ; elle fait ses affaires elle-même ; il n'y a pas de commission à payer , et le bénéfice est tout clair. Cependant elle s'associe volontiers avec une amie intime qui tient un hôtel meublé ou quelques chambres garnies dans un quartier éloigné des théâtres. La débauche est la base de la prospérité de cet hôtel. On y reçoit bien les étrangers qui s'y présentent ; mais on compte davantage sur les *passes,* et quelques voyageurs y descendent parce qu'ils sont dans le secret de la maison, et que cette particularité est à leur convenance. Les autres étrangers n'ont jamais le moindre soupçon qu'ils logent dans un mauvais lieu, tant le *decorum* est gardé sévèrement , et cette tenue place l'hôtel, dans l'opinion des familiers, bien au-dessus des maisons tolérées, quoiqu'on y court autant de dangers que dans les derniers bazars de la corruption.

En effet, la maîtresse de l'hôtel, qui prend le titre de *cousine* de l'actrice, et même de parente plus proche, n'est qu'une femme entretenue, profitant de sa position pour se livrer à la débauche, et favoriser les débordemens de sa *cousine* en s'occupant encore, chacune de leur côté, à approvisionner la maison de jeunes filles, dans le seul but d'accroître sa fortune et celle de son associée.

L'actrice n'a aucun détour à prendre pour fréquenter l'hôtel; quel entreteneur serait d'une jalousie assez ridicule pour mettre obstacle à son intimité avec une parente? C'est, au contraire, un point de sécurité pour lui. Il est impossible que sa maîtresse ne lui soit pas fidèle, puisqu'au lieu de se jeter dans le tourbillon du monde, tous ses loisirs sont employés à tenir compagnie à une *estimable parente* que son établissement retient constamment prisonnière chez elle.

La dépravation coule donc, à pleins bords dans

cet hôtel, quoique les apparences en soient sauvées avec adresse. La dame de la maison a ses *connaissances* en ville ; l'actrice y attire des débutantes dans la carrière théâtrale, de jeunes choristes, des filles de 15 à 18 ans, nouvellement admises dans le corps du ballet ; ces *deux dames* y reçoivent aussi personnellement des *hommages,* et, certes de semblables désordres s'assimilent trop bien à tous les actes de la prostitution clandestine, et m'autorisent à signaler un intérieur semblable, comme les autres repaires clandestins, à la découverte desquels les inspecteurs de la police mettent tous leurs soins dans l'intérêt sanitaire de la société.

Pour compléter la ressemblance avec les maisons de débauche dont j'ai parlé dans le cours de mon ouvrage, il y a, dans l'hôtel exploité par l'actrice et sa parente, un vestiaire à l'usage des malheureuses qui vont s'y prostituer.

A la suite d'une querelle avec certaine actrice galante cumulant la prostitution d'autrui avec la sienne, une choriste, encore sous l'inspiration de la colère, disait à qui voulait l'entendre que l'actrice l'avait sermonnée sur sa liaison avec un camarade qui ne pouvait pas lui *faire du bien*, que cette actrice lui avait proposé un *monsieur* riche, et qu'enfin elle l'avait engagé à se rendre à l'hôtel de....., où elle trouverait une toilette charmante afin d'être présentée au *monsieur* avec avantage.

Je tiens cela de quelqu'un qui l'a entendu de la bouche même de la choriste.

Les chroniques de la dépravation fourmillent de pareils faits ; mais ils se compliquent parfois d'incidens graves qui aboutissent à un dénouement tragique.

Un homme honorable initié, par sa position, dans les secrets de coulisses, se plaisait à raconter confidentiellement les anecdotes que lui fournissaient ses nombreux souvenirs, et il m'a communiqué l'aventure suivante que je rapporte de mémoire, certain toutefois, de ne pas altérer le texte du récit, tant l'impression qu'il a produit sur moi a été profonde.

Une actrice galante, mademoiselle Tullie avait eu un joueur pour amant, et elle s'en était bien trouvée pendant quelques jours de chances favorables; on dit avec raison : généreux comme un joueur ou comme un voleur. Mais le temps de l'infortune arriva; les cadeaux devinrent rares, et l'actrice méditait déjà une rupture, lorsque Casimir, son amant, fut appréhendé au corps, et conduit à Ste-Pélagie pour défaut de paiement d'une lettre de change. Cet incident dispensa Tullie de tous frais d'imagination pour donner une forme convenable au divorce qu'elle désirait, et elle convola bien vite en nouvelles amours, afin d'avoir un prétexte de ne plus renouer avec Casimir lorsqu'il sortirait de prison.

En effet, le créancier, tardant peu à s'assurer qu'il avait affaire à un débiteur insolvable, jugea sagement à propos de ne point augmenter en pure perte son passif de la redevance alimentaire que la loi accorde aux prisonniers pour dettes, et notre mauvais sujet fut mis en liberté. Néanmoins son créancier se fait un mérite de sa prétendue générosité, et semble compter sur la bonne foi de son débiteur pour être payé dès que la fortune lui accordera de nouvelles faveurs. — Celui-ci ne fut point avare de protestations, de sermens, et ils se séparèrent les meilleurs amis du monde; mais l'un bien décidé à rester insolvable, même avec un porte-feuille plein de billets de banque, et l'autre à peu près certain de ses mauvaises dispositions.

En s'éloignant de la rue de la Clé, l'ex-amant de l'actrice courut chez sa belle en droite ligne, sans avoir dans sa poche de quoi se permettre l'entrée d'un restaurant à 25 sous, et se berçant de l'espoir d'être reçu à bras ouverts par une femme pour laquelle il avait dépensé plus de cinq mille francs en six semaines. Point du tout! Elle l'accueillit avec la plus froide politesse, et ne fit un appel à ses sentimens que pour le prier de ne pas lui être nuisible, en renouvelant ses visites, *attendu qu'elle était avec quelqu'un de très-susceptible.*

Quel désappointement! avec un peu d'expérience, on s'y attend et on l'esquive; car un tel accueil est inévitable de la part d'une créature vénale à laquelle on *a été utile* et qu'on ne peut plus *obliger.* Je me figure son cœur comme un fruit desséché sous une écorce de bronze.

L'amant éconduit fut frappé de stupeur devant une réception si contraire à ses espérances. D'autres, à sa place, se seraient peut-être emportés et l'auraient accablée de propos outrageans ; mais ce n'était pas dans le caractère de notre homme. Il préférait, en toute occasion, l'astuce à la brutalité, pensant qu'il valait mieux se courber quelquefois sous le joug d'une nécessité que de se poser ouvertement en ennemi, soit qu'on veuille assurer plus tard sa vengeance, ou qu'on ait l'opinion qu'un rapprochement est toujours possible, tant qu'il n'y a pas eu guerre ouverte, et que cette voie laissée à l'avenir, est ce qu'il y a de mieux dans le pire des mondes possibles.

Aussi M. Casimir répondit sans aigreur à l'actrice ; il n'accusa que sa mauvaise étoile du chagrin qu'il éprouvait ; il fit à sa belle l'aveu le plus humble de sa triste position, et il finit par la prier de lui prêter une pièce de *cinq francs* pour aller dîner. Mademoiselle Tullie s'exécuta de bonne grâce, heureuse de se débarrasser d'un garnement à si bon marché. Car elle était trop experte en dissimulation pour ne pas soupçonner de l'hypocrisie dans le langage pacifique de son ex-amant.

Un an se passa sans qu'elle entendît parler de

lui, et le baromètre des intrigues était presque descendu à zéro. Elle avait bien ajouté l'emploi d'entremetteuse à celui d'actrice galante ; mais la double clientelle donnait peu, et à peine glanait-on où l'on avait moissonné quelques années auparavant. C'est, je crois, qu'il y a, dans la folie érotique, des momens lucides, pendant lesquels un homme apprécie les choses à leur juste valeur, et ces momens ne peuvent pas être favorables aux femmes galantes.

Malgré une stagnation forcée dans le double négoce d'infamie de notre héroïne, elle était tout entière à ses spéculations, et quand son devoir ne l'appelait pas au théâtre, elle sortait peu, dans la crainte qu'une bonne aubaine ne lui échappât en son absence.

Chaque fois qu'on sonnait à sa porte, elle tressaillait d'espérance et de joie. Il lui semblait toujours que ce devait être quelqu'un qui venait lui adresser une demande avantageuse dans ses attributions.

Un jour, le cordon est vivement agité ; la porte

s'ouvre : c'est Casimir qui se présente. Soudain l'actrice pâlit ; mais elle reprend bien vîte une physionomie sereine et même joyeuse à l'inspection de l'individu fashionnable de pied en cap, et à son action de poser négligemment une pièce de vingt francs sur la cheminée, en disant : Ma chère amie, je viens m'acquitter avec toi, je te rembourse le capital et les intérêts. Nous voilà quittes et bons amis.

— Certainement. Est-ce que nous avons jamais été brouillés ? Des circonstances nous ont éloignés l'un de l'autre, contre ton désir et le mien. Je ne t'en veux pas. Tu aurais dû seulement ne pas rester si long-temps sans revenir me voir.

— Tu es trop aimable, en vérité. Mais évitons tout quiproquo, et parlons d'affaires. Mon extérieur te donne la mesure de ma position sociale. Dieu merci, elle ferait envie à plus d'un fils de grande maison. Je suis un des piliers de ces salons où l'on passe chaque soirée les cartes en main, et mon bonheur est incroyable depuis six mois. Une dame de la troisième jeunesse m'a avancé de l'argent pour monter la partie à un taux convenable, et j'ai reconnu ce service par un attachement qui touche à sa fin ; car tout a un terme ici-bas. C'est très-philosophique, ce que je te dis là , Tullie ; tu verras, par la suite, combien je suis devenu philosophe. Quant à présent, j'ai dans le cœur une passion que je veux satisfaire, et je me repose sur toi du soin de faire agréer mon amour par Emma...

— La jolie petite danseuse de notre théâtre?

— Précisément. Tout-à-l'heure, il te poussait des idées... mais tu es raisonnable; on revient difficilement sur certaines choses. D'ailleurs tes intérêts ne seront pas négligés, pour toi c'est l'essentiel, n'est-ce pas ?

— Oui; mais j'entrevois de grandes difficultés. Emma est sous la tutelle d'une mère qui ne paraît pas avoir de dispositions à s'acclimater dans les coulisses. La jeune fille elle-même me semble sage autant par penchant naturel , que par principes.....

— Je sais tout cela, et, s'il n'y avait point d'obstacles pour arriver jusqu'à elle, je n'aurais pas besoin de toi, et je ne serais pas décidé aux plus grands sacrifices pour obtenir le titre de son amant.

— Allons, je m'en occuperai…. il faut que tu comptes bien sur ma bonté…

— Tu peux compter, toi, sur un billet de mille francs le jour de mon premier rendez-vous avec Emma. Voici mon adresse; tu me mettras au courant de tes progrès dans cette affaire. Je reviendrai ici dès que tu jugeras ma présence utile à notre réussite, et, dans cette expectative, je serai tous les soirs à l'avant-scène pendant le divertissement; il est bon qu'Emma me remarque; tu aideras à la chose. Adieu. »

La galante Tullie (1), avait été parfaitement appréciée par Casimir. Elle ne regrettait ni le nom, ni les prérogatives de sa maîtresse, dès que l'or salariait ses transactions auxiliaires entre son ex-amant et une tierce personne. Aussi Casimir était-il

(1) J'ai prévenu le lecteur que je ne donnerais accès, dans mon ouvrage, à aucune personnalité, en conséquence il doit regarder tous les personnages que je mets en scène comme désignés sous des pseudonymes.

sorti de chez elle avec l'assurance de son activité à servir les intérêts de ses nouvelles amours.

En effet Tullie, dès le soir même, entama ses négociations diplomatiques dans un entretien avec la mère d'Emma. Elle ne tarit pas sur les éloges du talent de sa fille et plus encore de sa sagesse. Elle la voyait, dans peu d'années, premier sujet de l'Académie royale de musique, mariée avec un virtuose, heureuse dans son ménage, de la tendresse de son mari et du bien-être dont elle pourrait entourer la vieillesse de sa mère...

Quelle perspective ! Les larmes en venaient aux yeux de la bonne femme, et elle s'épuisait en remercîmens adressés à celle qui lui tirait cet horoscope.

Ces conversations se renouvelèrent plusieurs jours avant que Tullie ne parlât à Emma personnellement. En conséquence, la mère était flattée que l'on devisât ainsi avec elle sur le compte de sa fille, et il lui était impossible de soupçonner l'arrière-pensée de l'actrice. Celle-ci, qui, avant les confidences de Casimir, n'avait pas dit un mot à la petite danseuse, ne lui adressa même d'abord la parole qu'en présence de sa mère, puis elle arriva à des causeries particulières, tantôt avec l'une, tantôt avec l'autre, mais toujours en abondant dans leur sens pour tout ce qui touchait à la pureté des mœurs.

De cette manière Tullie s'éclaira sur la position d'Emma. La petite danseuse n'avait que de faibles appointemens dans un théâtre d'ordre inférieur, et les heures dont elle pouvait disposer avec sa mère étaient consacrées à colorier des dessins destinés à des enveloppes de parfumerie. Ce travail supplémentaire leur venait bien en aide, mais sans les mettre encore tout-à-fait à leur aise. Néanmoins leur plan de conduite était tellement arrêté, qu'aucune privation ne leur coûtait pour arriver au bout de l'an, sans avoir dévié de la bonne route.

Cependant Tullie n'en poursuivit pas moins l'exécution de ses projets. Elle profita de la mise en scène d'un nouvel ouvrage, pour proposer à la mère d'Emma de venir chez elle chercher, dans ses chiffons, de quoi arranger un costume pour sa fille. « Cela ne vaut pas la peine de lui en parler d'avance, lui dit-elle, et si nous pouvons trouver quelque chose de bien dans une partie de garderobe qui ne me sert plus ; ce sera , pour Emma, une surprise agréable. »

Comment se refuser à cette obligeance dont la jeune fille semblait le but, pour ainsi dire, indirect ? Et puis cette négligence dans l'offre de quelques chiffons qui seront perdus si on ne les accepte pas ? et peut-être encore le manque de moyens pour acheter ce costume nécessaire, indispensable !..... Enfin Tullie emmena chez elle la bonne femme qui accepta ce qui lui était offert avec le laisser-aller le plus affectueux, et, dès lors les voilà , elle et sa fille, les très-humbles obligées d'une entremetteuse.

Après la première représentation de la nouveauté, ce fut une série de complimens sur les progrès rapides d'Emma, et, le lendemain, il fut impossible d'esquiver l'invitation d'un dîner ; c'était une réunion des trois *amies :* pas un seul étranger.

Après le repas, Tullie touche des variations faciles sur son piano, s'accompagne la dernière romance en vogue, demande à Emma si elle a fait quelques études en musique, et, sur sa réponse négative, propose à la mère de venir la voir de temps en temps avec sa fille, à qui elle donnera volontiers quelques leçons toujours utiles aux femmes de théâtre, soit pour le chant, soit pour la danse. Remarquez que la proxénète éloigne constamment tout soupçon, en se gardant bien d'isoler Emma, mais avec la certitude de capter, par là, la confiance et de parvenir un jour à corrompre la jeune personne hors de la portée de sa tutrice naturelle.

Pendant que tout ceci se passait, Casimir était exact à son avant-scène. Emma avait porté les yeux sur lui d'après une observation jetée indifféremment par Tullie, mais sans oser aller plus loin, tant la vertu d'Emma lui paraissait sincère, et tant elle craignait de perdre, par la moindre imprudence, la position qu'elle devait déjà à ses coupables efforts. En conséquence, Casimir s'en tint aux nouvelles que lui apportait la petite poste, attendant impatiemment que sa présence fût nécessaire chez son ancienne maîtresse.

Des circonstances malheureuses vinrent favoriser le crime. La mère d'Emma succomba en peu de temps à une maladie inflammatoire, et Tullie s'empara de l'orpheline, en pleurant avec elle, en lui donnant le doux nom de sœur, et en l'accompagnant chaque jour au champ du repos pour prier sur une tombe. Mais une douleur, aussi profondément sentie était incompatible avec des pensées d'amour même présentées convenablement, et si l'intrigue ne rétrogradait pas, elle ne faisait pas non plus un seul pas en avant. Trois mois se passèrent dans ce calme plat en opposition irritable avec les désirs de Casimir et les calculs de Tullie.

Pendant ces trois mois, Emma fut d'ailleurs l'objet de la sollicitude de plusieurs dames qui avaient connu sa mère, et l'entremetteuse ne pouvait pas l'avoir à sa discrétion comme elle le désirait.

Cependant un jour qu'elle était seule avec Tullie, cette dernière ayant amené la conversation sur l'avenir de l'orpheline, lui dit du ton de la plus touchante amitié : Ma pauvre Emma, la pensée de ton jeune âge et de ta position me poursuit sans cesse. Tu devrais y réfléchir sérieusement. Il y a là une source d'inquiétudes, si tu ne te maries pas bien vite.

— Et comment me marier, ma bonne Tullie ? lui répondit la jeune fille ; à dix-sept ans, sans fortune, commençant à peine ma carrière au théâtre, puis-je avoir l'espérance d'attirer sur moi l'attention d'un homme qui me rendrait heureuse en trouvant son bonheur dans mes sentimens pour lui ?

— Oui, tu peux l'espérer. Tu as été élevée par une digne mère qui a fait de toi une fille sage, et la sagesse, aujourd'hui si rare dans le monde, est un trésor inappréciable aux yeux des honnêtes gens. D'ailleurs tu es fort jolie, et cela ne gâte jamais rien. Ainsi je fais mon affaire de ton mariage. Sois tranquille : bien fin qui me trompera pour te tromper. Je ne sonde pas ton opinion là-dessus sans motif. Voilà une lettre que j'ai reçue ce matin. Tiens, lis.

Emma lut la lettre suivante :

« Madame,

» Après avoir vu nos deux familles unies par les liens de l'estime, permettez-moi de me rappeler à votre souvenir, et de solliciter votre honorable intervention dans une circonstance d'où va dépendre tout mon avenir. J'ai eu le plaisir de voir mademoiselle Emma au théâtre, et sa charmante figure a fait sur moi la plus vive impression. J'ai entendu vanter partout ses vertus, ses excellentes qualités, et je me suis senti subjugué par un penchant insurmontable. Lorsque j'apprends que cette intéressante personne est orpheline, et qu'elle doit à vos bontés des consolations dont elle est si digne, je m'empresse de vous soumettre mon intention d'offrir à mademoiselle Emma mon cœur et ma main, avec une position assez satisfaisante pour qu'elle renonce à la scène si cela lui convient, mais sans lui en imposer l'obligation pour peu qu'elle tienne à ses triomphes d'artiste.

J'ai, chez un agent de change, un mouvement de fonds qui me rapporte de douze à quinze mille francs par an, et vous savez qu'elles sont mes espérances dans le patrimoine de mon père, de ma mère et d'un oncle qui est resté célibataire.

Au reste, je m'adresse à vous, certain que vous agirez pour la satisfaction de mademoiselle Emma, autant que pour la mienne. Malgré mon amour, je ne hasarderais pas une demande en mariage, si je ne me reconnaissais pas une vocation décidée pour les douceurs de la vie domestique.

Daignez donc, madame, apprécier ma démarche, la repousser si vous la croyez contraire aux intérêts de mademoiselle Emma, et la faire accueillir favorablement si vous pensez que mademoiselle Emma serait heureuse avec moi. Je suis, etc.

CASIMIR. »

Je suis dispensé par la signature de cette lettre d'entrer dans des détails sur la connivence qui l'a dictée.

Une déclaration aussi inattendue surprit Emma au dernier point. Elle en était flattée et, en même temps, elle n'osait y croire. Tullie ne manqua pas de faire ressortir tout ce qu'il y avait de délicat et d'honnête dans l'expression des sentimens de M. Casimir, dont, au reste, elle garantissait la franchise, car elle connaissait parfaitement sa famille.

Il fut donc convenu que l'on recevrait sa visite, mais que Tullie serait toujours en tiers dans la conversation. « Je sais, disait l'actrice, que c'est un jeune homme d'une conduite parfaite ; j'en entends toujours dire beaucoup de bien ; mais il y a quelques années que je l'ai, pour ainsi dire, perdu de vue, et je ne saurais mettre trop de prudence dans une occasion aussi importante qui va décider de tout l'avenir de ma sœur adoptive. »

Quelle jeune personne aurait cru nécessaire de se tenir sur le qui vive en face d'une *camarade* qui parlait ainsi.

Emma, sans défiance, se laissa conduire par la créature qui l'entraînait dans le précipice par une pente insensible. Casimir se présenta chez Tullie ; il y vit Emma qui le reconnut pour le jeune homme de l'avant-scène, mais sans en faire la remarque. Tullie le *reconnut* également ; mais en ajoutant que, de la coulisse à la loge, elle n'avait pu distinguer assez bien ses traits pour dire son nom, tant il était changé à son avantage. D'ailleurs Tullie voyait mal de loin, malgré le secours de son lorgnon : il est rare qu'une actrice galante ne soit pas myope pour avoir un lorgnon ; c'est un bijou de plus qu'elle se fait donner. Elle s'en sert gauchement ; mais c'est égal : elle a toujours ce petit meuble de plus, et c'est de bon genre, à ce qu'elle croit, même lorsque cela ne lui va pas du tout.

L'étiquette la plus sévère présida à cette première entrevue. Tullie, dans sa correspondance, n'avait négligé aucun avis pour prémunir son examant contre toute inconséquence qui aurait fait naître l'ombre d'un soupçon dans l'esprit d'Emma. Il s'agissait d'une séduction en règle, sans éclat et sans violence; et Casimir devait, avant tout, se faire estimer de celle qu'il paraissait avoir choisie pour la compagne de toute sa vie. En conséquence, dans le cours de plusieurs visites qui suivirent la première, Casimir, de plus en plus épris des charmes d'Emma, presque fou à la seule idée de la possession de cette vierge pure, s'échappait parfois en paroles brûlantes d'amour; mais Tullie, d'un seul mot, le rappelait à un état normal ; elle condamnait la moindre familiarité, et ne voulait pas même permettre un baiser sur la main. Pourtant lorsqu'elle était seule avec Emma, l'éloge de Casimir revenait sans cesse sur le tapis, et, malgré la rigueur de ses principes affichés, l'actrice recommandait à l'orpheline de tenir l'affaire secrète, dans la prévoyance qu'un mariage manque souvent la veille de la cérémonie, et que si Emma renonçait à l'alliance qui se présentait à elle sous d'aussi heureux auspices, il ne fallait pas donner lieu à des caquets qui nuisent toujours à une jeune fille dans l'opinion publique. Ainsi l'entremetteuse obtenait le mystère dont elle avait besoin pour ses infâmes machinations, et elle le motivait encore de manière à compléter l'aveuglement de sa victime.

La pauvre enfant finit donc par croire à la sincérité des démarches de Casimir, et elle donna son adhésion à la demande de sa main en remettant les formalités d'usage à la fin de son deuil.

Dès lors l'imagination de Tullie travailla pour hâter le dénouement de l'aventure, et elle s'en occupa spécialement dans le sens de ses intérêts personnels. La chance la plus favorable n'abandonnait point Casimir à l'écarté. Il avait constamment ses poches pleines d'or. Tullie le savait, et elle lui faisait acheter des bijoux pour Emma, mais en disant confidentiellement à celle-ci qu'elle ne devait pas se parer de ces cadeaux avant l'époque convenable, et qu'elle serrait tout cela pour le joindre aux présens que renfermerait la corbeille de mariage.

Dans ses entretiens particuliers avec Casimir, l'entremetteuse lui annonça un jour, avec une joie infernale, qu'elle croyait avoir trouvé le moyen d'avancer l'heure du berger, en louant et en meublant un petit appartement voisin du sien. « On donnerait, dit-elle, quelques dîners à Emma chez moi. Tu te conduirais toujours avec la même réserve à son égard; mais il y aurait bien du malheur si quelques verres de champagne n'échauffaient pas une bonne fois la petite. Nous l'achèverons en allant prendre le café et les liqueurs dans le salon nouvellement meublé, et en lui faisant la surprise de l'appartement pour l'occuper à dater du jour de votre mariage. Il ne me serait pas difficile de trouver un prétexte pour vous laisser seuls, et, ma foi...

— Le reste me regarde. Tu es mon bon génie. Le succès n'est pas douteux. Tiens, voilà les mille francs promis, et en voilà trois mille pour mettre promptement le tapissier à l'œuvre. Je ne reviendrai pas ici avant une invitation de ta part; tu diras à ma *vertueuse fiancée* que je suis malade, cela l'impressionnera en ma faveur, et la prédisposera au sacrifice que j'appelle de tous mes vœux. Au revoir.

En moins d'une semaine, l'appartement, contigu à celui de Tullie, fut loué et meublé en son nom, sans en rien dire à Emma, qui ne put cacher une émotion de tristesse à la nouvelle de l'indisposition de Casimir. Aussi sa joie naïve eut-elle plus d'expansion que de coutume lorsqu'elle sut son rétablissement, et elle sembla heureuse d'apprendre de Tullie qu'ils dîneraient tous trois ensemble à quelques jours de là.

Je ne m'arrêterai pas sur toutes les circonstances de la journée fatale pendant laquelle se consomma la perte de la pauvre orpheline; elles me conduiraient à des détails qui ne doivent point trouver place dans mon ouvrage. Qu'il suffise au lecteur de savoir que les mesures de l'entremetteuse et du don Juan de bas étage avaient été trop bien prises, et que la malheureuse Emma ne put échapper aux piéges invisibles dont elle était enveloppée de toutes parts. Bien plus, c'est qu'après le crime, on lui trouva une excuse dans l'excès de la passion ; c'est qu'Emma, convaincue ou non, devint, à la suite d'un malheur irréparable, complice de son propre déshonneur, et se jeta elle-même dans les bras de celui qui l'avait perdue, se croyant, de bonne foi, liée à son séducteur, comme si la religion et la loi avaient sanctionnée leur union. On l'entretint, jusqu'au moment suprême, dans son aveugle croyance.

Quinze jours ne s'étaient pas encore écoulés, et déjà, Emma éprouvait ce malaise qui lui annonçait qu'elle serait mère. Mais ce n'était pas là le coup le plus affreux que devait lui porter le sort.

Casimir, mal guéri d'une syphilis compliquée et invétérée, communiqua, à la pauvre enfant, cette maladie épouvantable. Ses premiers symptômes, aussi connus de la proxénète qu'ignorés de sa victime, inspirèrent à la première des réflexions qu'elle se garda bien de confier à celle-ci. Au contraire, elle la tranquillisa, en attribuant les douleurs qu'elle éprouvait, à la transition de son état de vierge à l'état de femme, et en lui annonçant que cela se passerait avant le jour fixé pour son mariage. Cette perspective lui était toujours offerte, et Tullie paraissait prodiguer ses soins à la malheureuse orpheline, lorsqu'elle ne faisait rien pour arrêter les progrès du mal.

D'ailleurs à l'époque où remonte l'événement, on ne connaissait pas encore les remèdes quasi-curatifs employés aujourd'hui, et qui atténuent singulièrement les fâcheux effets de la syphilis.

Casimir ne fut pas étonné d'apprendre la position déplorable d'Emma, car les événemens avaient développé en lui des germes morbides, retenus, en quelque sorte, captifs par l'abstinence ; mais il sembla craindre l'effet d'une telle aventure ébruitée. Tullie en parut encore plus effrayée que lui ; elle lui conseilla de disparaître du quartier pour quelques mois, mais non sans s'être fait rembourser généreusement toutes ses dépenses, avec addition d'une somme convenable pour le traitement auquel Emma devait être soumise. Casimir, toujours heureux à la *coupe* et à la *retourne*, ne se fit pas tirer l'oreille ; on ne le vit plus aux environs de la demeure de

Tullie, et la misérable entremetteuse tripla ses bénéfices. Mais elle en convoitait encore d'autres; je l'ai déjà dit : l'insatiabilité est le caractère distinct de ces viles créatures.

Emma, depuis les premières atteintes du mal qui la rongeait, occupait l'appartement meublé pour elle par Casimir, et Tullie avait donné le change au théâtre sur la nature de la maladie de la petite danseuse. Tullie passait, dans l'opinion de la généralité des artistes, pour une excellente femme qui prodiguait ses soins à l'orpheline avec une générosité et un dévouement sans exemple, tandis que la situation de la pauvre enfant empirait de jour en jour, en ne prenant, des mains de son bourreau, que des potions neutres ou dont les propriétés étaient peut-être contraires à sa guérison.

Au milieu de ses souffrances, Emma demandait souvent à Tullie la cause de l'absence de Casimir, et cette absence était mise sur le compte de la maladie identique chez l'un et chez l'autre, mais sans remonter au principe du vice et au fait de sa communication, de manière que la jeune fille ignorante, plaignait encore celui qui l'avait empoisonnée, pen-

sant que, comme elle, le poison l'avait surpris in-
volontairement, et sans qu'il pût en connaître la
source.

Cependant les progrès de la syphilis devinrent
alarmans. Alors Tullie alla consulter un de ces charlatans dont la capitale abonde, et elle lui proposa
de donner ses soins à une petite danseuse *qui
avait fait une mauvaise connaissance.* Elle
ajouta à ce thême, des variantes tendant à rehaus-
ser sa moralité dans l'opinion du docteur sans di-
plôme, et à lui inspirer de la commisération pour
une malheureuse qui expiait son inconduite.

Le charlatan reçut d'avance ses honoraires de
Tullie qui s'en fit délivrer un reçu. Emma dépéris-
sait de jour en jour; son mal était devenu incurable, et ce n'était point un ignorant intrigant qui pouvait la sauver.

A quelque temps de là, on vit le corbillard des
pauvres se diriger vers le cimetière de l'ouest. Personne ne le suivait. Le corbillard portait Emma
dans son linceul : elle ne souffrait plus.....

Ceci se passait au milieu de la tourmente révolu-
tionnaire, et lorsque les puissances du jour, cons-

tamment dévouées, par force majeure, aux affaires publiques, négligeaient d'approfondir des épisodes qui ne touchaient qu'à des intérêts particuliers. C'est pourquoi la mort d'Emma n'eut aucun retentissement.

L'entremetteuse a gardé, comme sien, le mobilier de l'appartement loué *en son nom*, et avec le reçu du médecin, également *en son nom*, elle s'est faite autoriser à vendre tout ce qui garnissait les deux chambres de la mère et de la fille, dans le but de rentrer dans ses avances au médecin pour le traitement d'Emma.

Ainsi ce monstre, à face humaine, après avoir médité et consommé la perte d'une jeune fille sage, après l'avoir lentement assassinée, à dessein de se rendre sa mort profitable, s'est approprié toutes les dépouilles de sa victime, et elle a encore usurpé le titre de sa bienfaitrice. A l'époque de l'événement on entendait dire par des gens qu'elle recevait à sa table, et par d'autres, qu'elle admettait dans son intimité, peu importe à quel titre : « Tullie a des mœurs faciles ; mais quel bon cœur ! On peut bien lui pardonner ses faiblesses en faveur de ses bonnes actions. Rappelez-vous la malheureuse Emma; Tullie la nourrissait, lui donnait des costumes, et, pour récompense, la petite danseuse a enlevé un amant à l'actrice qui était si bonne qu'elle l'a e ncore gardée *chez elle* pendant sa dernière maladie, celle-là lui en a coûté de l'argent! Elle n'a pas tir é le quart de ses dépenses de la vente du mobilier d'Emma et de sa mère, et pourtant elle ne regrette pas ce qu'elle a fait; elle serait encore prête à recommencer..... »

Et il est des personnes qui ajoutent foi à de pareils mensonges; et il en est d'autres qui, en le écoutant avec indifférence, sont loin de soupçonner l'affreuse vérité !...

XII.

Les hommes que leur position, relativement aux
théâtres, a mis à même d'en observer l'intérieur, ne
douteront pas un seul instant de la vérité des faits
que j'avance. Il ne faut pas une longue expérience

dans ces localités pour acquérir la certitude que les actrices galantes ne diffèrent des autres prostituées qu'en exerçant sur un terrain particulier où elles n'ont pas été suivies jusqu'à ce jour par les investigations de l'autorité. Le législateur a cru probablement qu'on ne devait pas poursuivre des actes isolés de libertinage, soit parce que les conséquences lui en paraissaient insensibles, ou que les poursuites, se multipliant à l'infini, une armée d'inspecteurs suffirait à peine à une surveillance convenable dans cette partie nouvelle de l'administration.

J'aurais peut-être partagé cette opinion lorsque les actrices galantes ne se jetaient dans les intrigues que pour obéir aux exigences de leur état. Alors elles se faisaient entretenir, et elles descendaient même au rang des courtisanes, dans le seul but de suppléer à l'insuffisance de leurs appointemens, afin de se procurer une garde-robe, un mobilier et quelque aisance dans les habitudes journalières de la vie ; mais elles n'en prenaient pas de toutes mains, et il y avait des bornes à leur cupidité.

On remarquait même autrefois que la plupart des actrices, dans cette position, reprenaient un train de vie régulière, et cherchaient à faire oublier des antécédens peu moraux, dès qu'elles étaient arrivées à des appointemens qui leur rendaient tout secours inutile pour satisfaire à leurs besoins.

Aujourd'hui, une actrice galante ne pense qu'à spéculer sur sa débauche. Que ce soit pour agrandir son train de maison, pour augmenter ses dépenses, pour étaler plus de luxe, ou pour assurer un bien-être à son avenir, peu importe. Elle spécule sur sa débauche et ses prétentions n'ont pas de limites; voilà le positif. De là, une conduite tout-à-fait semblable à celle des prostituées, de là, des actes parfaitement assimilés à ceux de la prostitution clandestine; de là, en conséquence, la nécessité de mesures répressives contre ces femmes galantes comme contre toutes les autres filles publiques, puisque la débauche des unes et des autres entraîne des résultats également préjudiciables à la société.

Ces créatures à l'encan sont d'une absurdité inouïe lorsqu'elles font sonner bien haut leur titre d'*ar-*

tiste pour se mettre hors de la catégorie des prostituées. Elles ont de cent à cent cinquante napoléons d'appointemens annuels ; elles s'inquiétent fort peu d'acquérir plus de talent pour obtenir un salaire plus considérable, et elles dissipent trente mille francs par an, grâce à des entreteneurs qui ne voient pas les sources occultes où elles puisent de quoi suffire au surcroît de leurs dépenses. Et elles prétendent les justifier avec le quart du montant de ces dépenses qui passe ostensiblement dans leurs mains, c'est stupide !

Or, ne pas donner la chasse à la prostitution dans les théâtres par cela seul que la paie de l'actrice couvre les produits de sa débauche, à peu près, comme *un petit écu couvrirait le firmament,* c'est une faiblesse administrative contre laquelle réclament les intérêts immédiats de la population ; c'est une nouvelle voie ouverte à la dépravation des mœurs, puisque les jeunes filles voient dans la carrière théâtrale, un moyen de se livrer fructueusement et impunément à tous les excès de la prostitution clandestine ; enfin , c'est une preuve d'indifférence incompréhensible , au préjudice des femmes dignes d'estime, puisqu'elles n'ont qu'à gémir en pure perte, lorsqu'elles sont délaissées pour des filles qui compromettent la santé, l'honneur et la fortune des familles.

Les mesures de répression deviennent encore plus urgentes si l'on considère que, tout étant commerce dans la débauche des actrices galantes, elles reculent, chaque jour, les limites de leurs *opérations*, et sont capables d'aller jusqu'au crime pour agglomérer leurs bénéfices.

En conséquence, dès qu'il y a de l'argent au bout d'une opération honteuse, il est presque certain qu'une actrice galante ne sera arrêtée par aucun obstacle pour s'emparer de cet argent. La morale, elle la foule aux pieds; la santé de ses *amans*, elle s'en inquiète fort peu; leur fortune lui est acquise, dans son opinion, par le meilleur des droits, puisqu'elle lui passe en dons bénévoles; quant à la vie de tous ceux qui sont en rapport avec elle, je crois bien que, même avec l'espoir d'un grand avantage, elle ne la sacrifiera pas à l'aide du poignard ou du poison; mais, s'il se présente des circonstances faciles à mettre en dehors du code pénal, comme celles qui ont accompagné la mort de la petite danseuse, je suis convaincu que, parmi les actrices galantes, on en trouvera peu qui ne marcheraient pas de pair avec Tullie.

En poussant mes conjectures jusque-là, je n'ai pas l'intention d'aggraver les torts d'une actrice galante, et, pour le prouver, je déclare que je la regarde comme un être privé de raison, presque en état de démence, qui a son idée fixe de chercher son contentement dans les plus grands désordres, qui n'y attache aucune pensée de crime, et n'en éprouve conséquemment aucun remords, après avoir méconnu tous les principes dont la pratique offre la plus sûre garantie des droits de chacun, au sein de la grande famille. Mais les faits et gestes d'une telle créature n'y apportent pas moins de troubles, n'y occasionnent pas moins de notables dommages, et la faiblesse, pour ne pas dire la nullité de ses facultés intellectuelles, n'est point une raison pour lui laisser ses coudées franches, quand elle porte atteinte à la morale publique, et lorsqu'elle devient nuisible aux intérêts d'autrui.

Il me semble donc opportun d'opposer une digue au torrent.

Je ne propose pas de soumettre tout d'abord les courtisanes, les femmes entretenues et les actrices galantes, à des réglemens aussi sévères que ceux qui régissent toutes les autres prostituées. Mais je désire que le Préfet de police ait les yeux sur elles, et qu'il ne le leur laisse pas ignorer. Il s'en suivra forcément des peines administratives prononcées contre celles qui descendraient au niveau des filles publiques par des provocations à la débauche; et par des actes de prostitution clandestine. Ainsi les plus déhontées seraient contraintes à voiler leurs débordemens, à ne plus se donner en spectacle avec le luxe audacieux qui dénonce leurs mœurs dissolues. Celles qui seraient tentées de suivre leurs traces n'oseraient plus aller en avant, dans la crainte des mesures répressives qui pourraient les atteindre, et quelques jeunes filles, au moment d'aborder la carrière du libertinage, retourneraient peut-être en arrière. fortement impressionnées par la frayeur salutaire que leur inspireraient la surveillance des agens de police, et la moindre réprimande qu'elles s'attireraient de la part de l'administration.

Que le chef de l'attribution des mœurs soit autorisé à des admonitions sévères à l'égard de toutes les femmes galantes mandées devant lui pour atteinte portée à la morale publique, quelle que soit d'ailleurs la position sociale de ces femmes; que des punitions leur soient infligées, en cas de récidive, et l'on verra bientôt cesser le scandale d'un luxe qui sert d'affiche à la dépravation; et les honnêtes gens ne seront plus repoussés de nos spectacles par l'effronterie d'une actrice dont l'œil quêteur parcourt les loges, quand elle ne devrait être occupée que de son rôle, ou qui charge ce rôle d'une pantomime équivoque, et de mots à interprétations licencieuses, lorsqu'elle doit s'en tenir textuellement à ce que l'auteur a écrit et indiqué, ou enfin dont la tenue et le langage, à la ville comme en scène, décèlent les mauvaises mœurs, avec l'intention qu'on ne se méprenne pas sur son compte, attendu qu'elle ne fait ses affaires que lorsqu'on la prend pour ce qu'elle est. Alors, je le répète, les représentations scéniques auront plus d'attraits, et les théâtres seront plus fréquentés, parce qu'ils seront purgés des comédiennes, sans talent, qui comptent d'avantage sur les intrigues que sur leur état patent, pour la satisfaction de leurs goûts dispendieux; elles renonceront aux planches où il y aurait à peine, pour elles, de l'eau à boire, et elles se livreront franchement à la débauche qui leur sera plus productive, du moins en espérance. Alors les courtisanes ne seront plus des objets d'affliction pour la femme vertueuse, et d'envie pour sa fille sans expérience, par l'étalage de l'opulence sur leurs personnes et dans leurs entours. Cette mesure envers les courtisanes est la conséquence obligée de la défense faite aux prostituées de se montrer en public avec un costume indécent qui annonce leur métier, et ne pas adopter l'une, c'est nier, en quelque sorte, le principe qui a provoqué l'autre. De même, l'actrice rappelée à son devoir en scène, se trouve en ligne avec la prostituée à qui toute provocation publique est interdite, et la prévision du législateur restera incomplète tant que l'actrice pourra faire sur le théâtre ce qui est défendu à la prostituée dans la rue.

Qu'on ne vienne pas me chicaner sur la diversité des nuances; je sais bien que la femme galante en scène ne provoque pas à la débauche aussi grossièrement que la prostituée le long d'un trottoir; mais ce n'est pas moins, de part et d'autre, une provocation immorale dans des lieux publics; les intentions sont les mêmes et le but est identique; les spectateurs en sont scandalisés comme les passans, et l'illusion théâtrale en souffre comme le bon ordre.

Il est donc dans l'intérêt des mœurs et de la sécurité générale que le réglement, concernant la prostitution, renferme des dispositions relatives aux femmes galantes de toutes les classes, par cela seul que leur débauche est un commerce, que ce commerce, livrant ces femmes à un grand nombre d'hommes, les expose aux atteintes d'un mal contagieux qu'elles peuvent communiquer, et que les énormes dépenses nécessitées par leurs désordres, étant la cause d'une exigence insatiable de leur part, elles portent autant de préjudice à la fortune qu'à la santé de leurs dupes. Or, les arrêtés et ordonnances auxquels les prostituées sont soumises doivent également, à quelques modifications près, régir les femmes galantes de toutes les classes, puisque ces dernières, sauf quelques différences dans les formes, s'assimilent, d'intention et de fait, aux prostituées. Cela est en parfaite analogie avec le considérant de l'impossibilité d'extirper la prostitution, mais en même temps de l'indispensabilité d'en régler l'exercice de manière qu'elle cesse d'offenser la pudeur publique, d'exciter les hommes à la débauche, et de les exposer à être dépouillés.

La difficulté de la mise en pratique de ce réglement supplémentaire surgirait des ruses des courtisanes et surtout des actrices galantes pour dépister les investigations de la police, dans le but de se mettre constamment en dehors de la catégorie en surveillance, et dans la crainte de confondre une femme honnête, ou une fille décente même dans ses faiblesses, avec celles qui font ouvertement commerce de leurs corps. Mais, ainsi que je l'ai dit pour les marlous, l'administration a trop de prudence pour agir inconsidérément, et sans être sûre de son fait. D'ailleurs, elle ne s'adresserait d'abord qu'aux femmes galantes connues pour telles de longue date, et elle s'abstiendrait toujours dans le moindre doute sur les écarts de celles qui seraient désignées à ses poursuites. De plus, l'épouvantail jeté devant *ces dames,* aurait, en tout état de choses, l'avantage de refouler, dans leur intérieur, un luxe qui, en public, est une insulte à la vertu indigente, ainsi qu'à la douleur de la femme honnête dont le mari couvre le vice d'or pour le contentement de ses passions déréglées, et de contraindre les courtisanes et les actrices galantes à une tenue convenable en scène, comme à la ville, de même que l'on force les prostituées à ne paraître dans les rues qu'en costume décent. Ces mesures tendent, de part et d'autre, à combattre les provocations publiques à la débauche.

Cette amélioration serait satisfaisante pour tous les artistes, de savoir et de conscience, gémissant tout bas d'exercer un art difficile auprès d'une dévergondée qui n'y comprend rien, qui n'y veut rien comprendre, surtout pour les comédiennes de mérite, dignes des applaudissemens à la scène, dignes d'estime à la ville, et qui sont obligées de souffrir tacitement le contact immédiat de l'ignorance et de la dépravation qu'elles ne sont point appelées à contrôler, même lorsque cette ignorance se reflète sur elles au théâtre dans l'opinion des spectateurs, peu familiers avec les jeux scéniques, mêmes lorsque cette dépravation s'étend jusqu'à elles dans le soupçon de l'homme qui ne le connaît pas, et qui formule surtout un jugement vide de réflexion et de discernement.

La satisfaction, sous ce rapport, des vrais artistes serait une source inépuisable de progrès nouveaux dans les représentations dramatiques, puisque leurs travaux d'ensemble n'auraient plus d'entraves que celles qui tiennent au difficultés de l'art, et que les représentations ne seraient plus entachées de pitoyables charges ou de licences les plus répréhensibles.

Enfin, je le dis encore, le règlement supplémentaire qui régirait toutes les femmes galantes sans exception, en offrant ses garanties à la morale publique, à la sécurité des citoyens, serait en même temps un juste hommage rendu à toutes les femmes de mœurs pures, qui réclament avec raison contre l'indifférence du législateur, en quelque sorte complice d'une débauche impunie, et qui méritent bien que la loi leur sauve désormais les chagrins poignans et les douleurs humiliantes dont les abreuvera la prostitution, tant qu'elle sera envahissante et qu'elle marchera le front levé.

Quant aux marlous, je ne sais s'ils sont nécessaires ou non aux actrices; mais, je ne dois pas moins affirmer, comme étant à ma parfaite connaissance, qu'on ne voit pas, dans les théâtres, d'artistes se déclarer les souteneurs des actrices galantes. Après avoir été obligé de découvrir tant d'ignominies, il m'est agréable de terminer cet ouvrage en éloignant un soupçon avilissant d'une classe d'hommes qui, même avec des mœurs faciles, sont généralement incapables de se couvrir du manteau de l'infamie.

XIII.

Il me reste à traiter un sujet moins repoussant, auquel j'ai plus d'une fois été dans le cas de faire allusion en écrivant cet ouvrage, et qui mérite assurément d'y trouver place : je veux parler de la grisette.

La grisette est cette jeune ouvrière peu farouche, au teint frais, assez coquette et assez agaçante, vêtue avec simplicité et avec goût, dont la taille svelte et légère se dessine sous l'étoffe de guingan, et dont le cou et les épaules sont à demi-couvertes par le modeste châle de Barège. C'est un être à part, qui travaille chez elle ou dehors, pendant toute la semaine, qui amasse avec soin un petit bénéfice, une faible épargne, pour en dépenser une partie, du samedi soir au lundi matin, dans la société intime et presque maritale d'un bon ami qu'elle s'est choisi, dans une rencontre souvent fortuite. Ce bon ami est d'ordinaire un employé d'administration à mince traitement, un clerc de notaire ou d'avoué, un commis de banque ou d'une maison de commerce, ou bien un étudiant. C'est avec lui que l'avenante et accorte moyenne vertu se plaît à filer le parfait amour, l'amour libre d'entraves, et néanmoins décent, quoique illégitime. Elle restera fidèle à l'objet de son affection, tout le temps qu'il le sera lui-même, et cette fidélité à la fidélité, dure souvent quelques semaines, une saison, une année. Il y a bien par intervalles de petits orages,

de petites brouilles, mais le calme et le racommo-
dement rassérènent les deux visages de notre couple de contrebande; on se quitte un soir, on se
reprend le matin, pour se quitter encore et se re-
joindre le soir, sans bruit, par fantaisie ou caprice
ou désir de changement. Cette sorte de prostitution
désintéressée, effet d'un sentiment subit, d'un goût
passager, d'une convention à l'amiable, amène
rarement une catastrophe, ou même une rupture
aigre et offensante; mais, elle énerve l'âme, relâche le nœud social, fane à l'avance la fleur d'hy-
men, affaiblit le penchant aux unions chastes et
réelles, et crée une classe d'individus blasés sur les
jouissances épurées au creuset des mœurs et de la
vertu.

Quoiqu'il en soit, la grisette a le caractère facile comme son cœur; elle n'est ni revêche, ni bé-
gueule, ni exigeante, ou ambitieuse; elle vit heureuse dans sa mansarde, qui est garnie d'un
mobilier simple comme elle, et consistant en un
bois de lit de noyer, une commode, deux chaises,
un miroir, une estampe égrillarde, un petit coffre

où restent sous clé la quittance d'un terme et deux ou trois lettres d'amour.

Le samedi soir, elle se hâte de remonter dans sa chambrette pour y attendre son chéri et lui donner la moitié de son lit étroit, après avoir, comme dit Béranger, suspendu à la fenêtre, son châle en guise de rideau. Quelquefois, c'est elle-même qui se rend chez son ami pour devenir sa compagne momentanée et explorer avec lui les doux rivages du fleuve de Tendre. Dans tous les cas, cette union se prolonge habituellement jusqu'au lundi matin, où chacun des conjoints retourne à son travail. En hiver, on va ensemble aux bals publics ou au spectacle; en été, on franchit la barrière, on se rend à Passy ou à Saint-Maur, c'est-à-dire au bois de Boulogne ou à celui de Vincenne, ou bien encore à Belleville et aux bosquets de Romainville; on pousse même quelquefois la promenade jusqu'à Montmorency, dont les parages sont les colonnes d'Hercule de la grisette parisienne; c'est là qu'elle s'abandonne aux plus tendres épanchemens; on déjeune à l'hôtel du Cheval-Blanc, on fait une partie à âne dans la forêt, on se restaure, on se remet en route et l'on rentre à Paris, pour se conter gaîment, le soir, en tête-à-tête, et sous le drap blanc du petit lit de la discrète mansarde, les aventures de la promenade du jour.

Il est rare qu'une grisette renonce aux faciles et modestes ébats de sa chambrette voisine des toits, pour aller partager momentanément, dans un premier étage, la couche somptueuse d'un richard ou d'un grand seigneur; on compte, dans notre époque si positive et si matérielle, fort peu de Marie Mignot.

La grisette n'est pas exactement la même dans tous les quartiers de Paris; celle du quartier Latin ne ressemble pas à celle du centre, celle du centre à celle du Marais, et celle du Marais à celle de la Chaussée-d'Antin. C'est toujours l'ouvrière, si l'on veut, mais l'ouvrière avec des mœurs plus ou moins relâchées, des manières plus ou moins libres, une mise plus ou moins soignée. Parcourons rapidement ces diverses nuances ou ces variétés de la grisette parisienne.

La grisette du quartier Latin n'entretient guère de relations intimes qu'avec les étudians des écoles de droit et de médecine. Elle agit avec eux comme elle agirait envers des personnes avec lesquelles elle aurait passé un contrat. En quittant son travail, elle va, le soir, égayer la petite chambre de l'hôtel garni de son jeune ami, et souvent elle n'en sort que le lendemain matin pour retourner à son ouvrage. Du samedi au lundi, c'est elle qui fait souvent les frais de l'association passagère, car l'étudiant a vite dépensé son argent, et il en est réduit aux expédiens ou aux emprunts onéreux. En été, on va au bal de la Chaumière, ou à la guinguette de Tonnelier à la barrière du Maine, on y dîne, on y danse; on y prend, si l'on veut, un cabinet particulier. En hiver, on va au bal du Prado, ou au théâtre du Panthéon, ou même à celui de Bobino, près le Luxembourg. Aux réunions de la chaumière et de la guinguette Tonnelier, des rixes particulières viennent quelquefois troubler les plaisirs de la grisette. Un regard de travers, un refus de danser avec tout autre que son amant du jour, la rencontre d'un amant détrôné ou d'un ingrat qui a fait d'elle une nouvelle Ariane; un rien parfois, amène un épisode beaucoup trop dramatique, et le garde municipal ou le sergent de ville sont alors obligés d'intervenir, lorsqu'un soufflet a été échangé, ce qui n'a lieu que trop fréquemment, dans ces réunions si mélangées, où chacun vient, pour ainsi dire, vider son gousset, désopiler sa rate, s'étourdir sur les peines qu'il peut avoir, les oublier dans les vapeurs du vin et les élans de la contredance à la chahut, élans que le moral sergent de ville doit toujours contenir ou ramener aux limites tolérées. Il n'est pas rare de voir la police correctionnelle occupée à vider les débats survenus, à l'occasion de ces danses lubriques, ou de ces rixes d'amoureux avec leurs rivaux ou leurs belles, ou avec les agens de la force publique; la *Gazette des Tribunaux* en occupe d'ordinaire ses lecteurs, et en fait ressortir de sévères enseignemens pour la jeunesse. Tantôt c'est un novice qui s'est ruiné dans les orgies voluptueuses, ou a été dévalisé par les filous, tantôt c'est une jeune ouvrière qu'un mauvais sujet a trompée et battue, ou bien a délaissée après l'avoir rendue mère. Plus rarement c'est une ouvrière avancée dans le libertinage, et qui, non contente de s'être perdue elle-même, perd ensuite une plus jeune amie, une novice de campagne, une cousine, disons le mot, une sœur à peine nubile ou même non nubile, connue pour donner une nouvelle force à cette vérité si triste et si cruelle :

> Dans le crime il suffit qu'une fois on débute,
> Une chute toujours entraîne une autre chute :
> L'honneur est comme une île escarpée et sans bords,
> On n'y peut plus rentrer dès qu'on en est dehors.

Un seul exemple prouvera jusqu'à quel degré d'immoralité peut faire descendre l'inconduite. Empruntons la substance d'un récit que les journaux ont rapporté tout récemment dans leurs colonnes.

Une jeune ouvrière de vingt-deux ans, après avoir entretenu une liaison, à peu près secrète, avec un jeune étudiant de son voisinage, avait été abandonnée par lui. De ce jour, elle se livra à tous les déréglemens qui plongent un cœur dans la prostitution et dans ses hideuses conséquences. Cette ouvrière, naguère si pleine de grâce, de fraîcheur et de beauté, était maintenant flétrie, perdue, sans honte et peut-être sans remords. Mais, non contente de s'être ainsi déshonorée, avilie, séparée de la classe honnête, elle voulut que sa sœur, à peine âgée de treize ans, ne pût pas lui reprocher un jour ses désordres et, pour parvenir à ce but, elle résolut de les lui faire partager.

Elle se mit donc en rapport avec un roué, un homme infâme, avec lequel elle traita de la virginité de la victime. Une orgie s'apprête, les deux sœurs y assistent. On fait prendre à la pauvre enfant des breuvages capiteux ; elle perd par degrés la raison ; la sœur aînée disparaît un moment, et le viol est consommé. Dès le lendemain, la petite sœur est placée chez des artisans, et l'aînée va cacher ailleurs l'exercice de sa dépravation. Cependant la pauvre et innocente créature était devenue malade des suites de l'orgie et du crime ; les braves gens qui l'avaient recueillie la pressèrent de questions ; elle finit par tout raconter, et sa coupable sœur fut arrêtée en vertu d'un mandat de justice. Elle subit actuellement dans la prison de St-Lazare à Paris, la peine de ses affreux débordemens.

Terminons cette digression par un tableau dans lequel, un écrivain spirituel, M. de la Bédollierre, peint en peu de traits, les rapports de la grisette avec l'étudiant.

« **Les amours** de l'étudiant et de la grisette ne
» sont point de ces passions échevelées qui pleu-
» rent dans les drames modernes; il ne la traite
» guère mieux qu'une servante, la charge de ses
» commissions, lui envoie chercher du tabac, de
» l'eau-de-vie et du jambon. Lorsqu'il régale ses
» amis, c'est elle qui, avant de présider au festin,
» fait cuire les côtelettes et met le couvert. Il faut
» le dire à sa louange, la grisette se prête mer-
» veilleusement à toutes ces fonctions de ménage,
» qui la rendent indispensable et lui donnent un
» air de femme mariée. Heureuse si les vacances
» seules interrompent le cours de cette liaison trop
» passagère, si elle peut dire adieu en pleurant,
» à son époux temporaire qui lui promettra de lui
» écrire! Mais souvent, las du ménage, l'ingrat
» songe à reconquérir sa liberté. Il cherche que-
» relle à *sa femme*, l'accuse d'infidélité, et, à
» force de brouilles préparatoires, arrive à une
» rupture définitive. C'est un de ses amis qui lui
» succède, et la malheureuse fille passe de main
» en main comme un billet à ordre, comme une
» reconnaissance du Mont-de-Piété, jusqu'à ce que
» vieille et fanée, elle tombe insensiblement au
» dernier degré de la dépravation.

XIV.

DANS le centre de Paris, c'est-à-dire dans les environs du Palais-Royal, de la Banque et de la Bourse, l'ouvrière grisette a un genre de vie plus à elle. Son bon ami est un commis de maison de commerce, un petit clerc ou un garçon tailleur. Le couple amoureux ne se voit guère dans la semaine, c'est presque toujours et seulement depuis le samedi soir jusqu'au lundi matin et même parfois au lundi soir. En été, il fréquente la barrière et le bois de Boulogne ou celui de Vincennes ; en hiver, il est au bal Montesquieu ou au Tivoli d'hiver de la rue Grenelle-Saint-Honoré, ou bien au théâtre du Palais-Royal. Ce couple est assez bruyant, assez sans gêne, et donne souvent de la besogne aux sergens de ville, surtout si l'amoureux est de la classe des garçons tailleurs.

Si, du centre de Paris, vous vous transportez au Marais, vous y trouvez un autre type de la grisette. Elle est bien moins dévergondée, elle est plus simple, plus soumise, plus affectueuse, plus de la vieille roche, s'il m'est permis de parler ainsi. Ses galeries sont les petits théâtres des boulevards du Temple, depuis la porte Saint-Martin jusqu'à la porte Saint-Antoine. Elle aime l'Ambigu, Franconi, la Gaîté, les Funambules et la Courtille ; elle pousse également ses promenades jusqu'au bois de Romainville, où l'on va deux, comme dit le proverbe, et d'où l'on revient trois.

Mais la grisette par excellence, la grisette du bon ton, celle qui, bien que toujours ouvrière, singe la grande dame et la petite maîtresse, habite la Chaussée d'Antin. Elle appartient à une classe laborieuse plus relevée que les autres, elle jouit de plus d'aisance, elle est mieux mise et mieux logée; elle a un protecteur ou un bon ami moins forcé de compter avec lui même. Quelquefois, le soir après son travail, elle se promène sur le boulevard des Italiens. Dans la mauvaise saison, ses galeries sont les galeries de l'Opéra ou de Choiseul ou des Panoramas. En été, elle fréquente le jardin de Tivoli ou celui des Tuileries et les Champs-Élisées. Elle ne dédaignera point de paraître quelquefois au petit bal du Caveau d'Italie, au théâtre Enfantin et au théâtre Comte; mais le *nec plus ultrà* de ses distractions est au concert Musard ou à celui de Valentino. Si c'est dans le carnaval, elle ne manquera pas d'assister à aucun des bals masqués de la Renaissance, et elle ira même une ou deux fois à ceux de l'Opéra. D'ailleurs, si elle travaille dans un magasin de modes, elle trouvera l'occasion d'y varier ses attachemens, ses goûts et ses caprices. Certaines maîtresses de ces foyers de la mode, consentent des abonnemens avec certains habitués qui ont, par là, le singulier avantage de pouvoir, à volonté, y venir causer librement avec l'objet de leurs préférences.

Je dois la découverte de ce nouveau genre de prostitution qui m'était tout-à-fait inconnu, à un hasard assez original pour être rapporté :

Une personne de ma connaissance avait dîné chez un de ces petits restaurateurs du quartier Latin, et il payait son écot à la dame du comptoir, lorsqu'au même instant, deux habittués de ce restaurant, jeunes étudians, se lèvent de table et viennent déposer leur cachet sur le comptoir.

Un des deux jeunes gens remarque le nom de *Julie* sur la carte de son camarade. Comment, lui dit-il, est-ce que tu serais aussi un des abonnés de Julie? Mais c'est charmant !—Quel est donc le degré de notre parenté? En disant cela, il tire du gousset de son gilet quatre ou cinq cachets qui lui restaient encore de *sa Julie*. Ceux-ci étaient pour les mardis et jeudis, tandis que ceux de son ami désignaient les lundis et samedis.

Je n'oserais pousser plus loin l'explication, dans la crainte de trop dire ou de n'en pas dire assez ; je marche ici sur des charbons ardens, et je me hâte d'arriver à cette conclusion que les dangers encourus par la jeunesse dans la fréquentation de ces moyennes vertus, sont bien plus grands que ceux qui la menacent, lorsqu'elle s'adresse à de franches prostituées inscrites.

Affranchies par le fait, de toute espèce de surveillance de l'autorité, les grisettes sont dans le cas de prendre et de communiquer une de ces maladies secrètes dont j'ai si souvent parlé et qui causent tant de ravages et sont d'autant plus opiniâtres qu'elles ne sont point connues et combattues à leur naissance. C'est un virus qui passe dans le sang et empoisonne les sources de la vie. D'un autre côté, quelques-uns, des jeunes-gens qui fréquent les grisettes, s'éprennent de leurs charmes, en subissent le joug et sont par elles détournés de leurs devoirs et de leurs travaux ; quelques-autres se ruinent à la fois et la bourse et le corps : leçon terrible et dont malheureusement la génération qui vient ensuite tire si peu de profit.

CONCLUSION.

J'AI dit tout ce que mon expérience et mes observations ont pu me fournir sur la prostitution et
les prostituées de Paris.

Si j'ai gardé le silence sur ces êtres dépravés, qui
reculent les limites de l'immoralité en exerçant sur

leur propre sexe les ravages de leur débauche, c'est, je le repète, qu'il est des choses difficiles à dire, plus difficiles encore à écrire, et que d'ailleurs la loi n'eût-elle pas une force répressive contre de tels excès, il faudrait encore provoquer leur châtiment avec toute la réserve que réclame la pudeur publique. J'en ai dit un mot dans le chapitre des prisons, à propos de l'intimité de quelques filles entre elles; je n'irai pas plus loin : je ne me sens pas le courage de remuer les cendres de Sodome.

Je n'ai été guidé, en prenant la plume, que par le désir sincère d'être utile à mes concitoyens, et j'ai constamment marché dans la carrière, précédé du flambeau de la vérité.

Dans cette occurrence, je m'estime heureux d'avoir rempli le devoir d'historien fidèle en adressant des éloges mérités à l'administration ainsi qu'aux fonctionnaires et employés, chargés de l'attribution des mœurs. Ce sera, pour moi, une satisfaction nouvelle, que de me trouver dans la même obligation, lorsque j'aborderai les autres parties administratives de la police. Je continuerai le même langage, sans flatterie et sans aigreur; ce ne sont ni des pamphlets ni des apologies complaisantes que je veux écrire, mais bien des faits, des faits irrécusables, les uns connus, d'autres passés inaperçus, et le plus grand nombre accomplis dans l'ombre. Ce ne sera pas ma faute si quelques hommes ont à se plaindre de ma franchise; ils ne pourront en accuser que leurs propres œuvres. Je n'éprouve aucun contentement à la seule pensée d'appeler le blâme sur qui que ce soit; mais je dois toute la vérité au public quand il s'agit de servir ses intérêts, et avec l'intention que le passé devienne la leçon de l'avenir.

Les avertissemens doivent marcher avec les améliorations; ce sont les uns qui maintiennent les autres, et c'est ainsi que l'on avance dans la voie du progrès. Il faut publier les bonnes et les mauvaises actions de ceux que le gouvernement salarie, et dont les gouvernés attendent protection, surveillance et dévouement. Je ne me dissimule pas tout ce que cette tâche a de difficile, et surtout de pénible.

Cependant je ne mettrai rien de personnel dans ce nouvel ouvrage, sauf ce qui serait absolument nécessaire, en rentrant par la force des choses dans le cercle que je me suis tracé, et seulement comme exemples joints à d'autres exemples.

Tout le temps que j'ai rempli les fonctions de commissaire de police, chargé des délégations judiciaires, ensuite de celles de l'attribution des mœurs, puis de celles de chef du personnel (peu de temps, il est vrai, mais assez pour m'instruire de beaucoup de choses sur beaucoup d'individus); enfin de celles de commissaire de police administrant le quartier de l'Arsenal, où j'ai eu le bonheur de laisser quelques souvenirs honorables; durant ce temps, dis-je, il m'a été loisible de tout voir, de tout examiner par moi-même, et j'ai fait des observations sérieuses et sévères, que j'ai classées dans ma tête, où elles sont toutes en bon ordre.

L'administration de la police est d'une nécessité absolue. Je la considère comme la garantie et la sauve-garde de la société; mais il importe que les dépositaires du pouvoir ne la fassent pas dévier de sa véritable destination, que son arme terrible ne soit pas l'auxiliaire des passions les plus répréhensible, ne protège pas des abus honteux, et ne change pas une administration paternelle en une institution d'iniquités.

C'est pourquoi je pense que tout citoyen doit ses avertissemens à ceux qui gouvernent le pays, que non-seulement son devoir est de publier ses vues d'améliorations, mais de dévoiler les fautes des administrateurs et des employés. Ce n'est plus de la délation quand les fautes sont réelles et patentes, et lorsqu'on entoure le gouvernement de lumières, avec l'intention de détruire le mal et de faire le bien.

Quant à moi, j'exécuterai avec fermeté et persévérance ce que je recommande, ce que j'exigerais au besoin ; mais je le dis encore, ce sera sans désir de nuire, sans motif personnel, et seulement dans l'intérêt de mes semblables soumis à mcn amour pour la vérité.

Je reviens au sujet du livre que j'achève. Je crois avoir suffisamment déroulé le tableau de la prostitution pour en faire apprécier les horribles résultats, et surtout ceux de la prostitution clandesdine.

Une étude spéciale, approfondie, une expérience assez longue, et des exemples répétés sous mes yeux, m'ont fait entrevoir les moyens de cicatriser cette plaie hideuse qui s'étend partout, et qui porte la désolation dans beaucoup de familles..

Depuis ma sortie de l'administration, je n'ai pas cessé de suivre, de loin en loin, la marche de l'exercice de la prostitution clandestine, en tant qu'elle pouvait m'offrir de nouveaux documens. J'ai même été jusqu'à me mettre au-dessus des fausses interprétations que mes démarches auraient pu provoquer contre moi. C'est ce qui doit expliquer ma conduite passée, justifiée par ma conduite présente, qui, à son tour, trouvera sa justification dans ma persévérance à tendre vers mon but.

Je devais communication de mon travail au public, et je m'exécute avec confiance, même avec joie. Cependant je prie le lecteur de s'attacher au fond de mon livre plutôt que d'en éplucher la forme. La seule ambition de ma plume est la clarté, et je passe condamnation sur tous les défauts de mon style, si on lui accorde cette qualité vers laquelle se sont dirigés tous mes efforts. Je devrai toutefois beaucoup de reconnaissance à la critique, si, en me tenant compte de mon abstention de tout

ornement étranger à la gravité du sujet, elle a l'indulgence de ne voir en moi qu'un ancien fonctionnaire qui sort un instant de son obscurité pour payer
un dernier tribut à son pays, et si ce tribut a, dans
son opinion, la même valeur que dans la mienne.

Que l'administration y trouve des avis salutaires ,
des enseignemens utiles; que mes compatriotes y
fassent les mêmes découvertes, et qu'elles portent
leurs fruits dans l'intérêt de tous; que la lecture
de ce livre surtout enlève quelques jeunes filles
à de coupables séductions, et arrache le bandeau
dont le libertinage couvre les yeux de quelques
jeunes hommes; oh! c'est alors que je serai fier de
mon ouvrage!....

FIN DU SECOND ET DERNIER VOLUME.

TABLE

DES MATIÈRES.

SECOND VOLUME.

FIN DE LA TABLE DES MATIÈRES DU SECOND VOLUME.

Sézanne. Imprimerie de David.